Fr. Seupel

Die Entstehung der Stadt Heidelberg

Ein vaterländisches, romantisches Gemäldes aus dem 12. und 13. Jahrhundert

Fr. Seupel

Die Entstehung der Stadt Heidelberg
Ein vaterländisches, romantisches Gemäldes aus dem 12. und 13. Jahrhundert

ISBN/EAN: 9783743485181

Hergestellt in Europa, USA, Kanada, Australien, Japan

Cover: Foto ©ninafisch / pixelio.de

Fr. Seupel

Die Entstehung der Stadt Heidelberg

Vorwort.

Schon vor einer Reihe von Jahren hat Unterzeichneter ein Buch über die Entstehung Heidelbergs zu schreiben begonnen, zu welchem ihn die herrliche Lage dieser Musenstadt sowohl, wie der classische Boden derselben, über dessen Bewohner nacheinander Gibellinen, Welfen und Wittelsbacher, in heiteren und trüben Tagen herrschten, aufmunterten.

Deutschland ist das Herz Europa's und bietet eine Auswahl von fruchtbaren und paradiesisch gelegenen Landschaften und Panorama's bar, wie kein anderes Land so leicht zeigt; doch die Perle von Allem ist die Pfalz, die mit Recht der Garten Europa's genannt wird; es ist hierunter nicht nur die Rheinpfalz zu verstehen, sondern die ganze Länderstrecke von Bonn bis nach Mannheim, von Zweibrücken bis nach Mosbach und von Heidelberg bis Frankfurt, welche Gegenden in früherer Zeit zum größten Theil die Churpfalz bildeten. Es ist dieses ein landschaftliches Bild von fruchtbaren Feldern und blühenden Obstgärten, von duftenden Wiesen und stattlichen Dörfern, deren rothe Ziegel oder mit Schiefer bedeckten Giebeldächer in den blauen Himmel luftig hinauf ragen, und mit alten Domen und Schlössern geschmückt sind, was eine solche Manchfaltigkeit darbietet, wie man sie nirgends so findet.

Wahrlich es ist ein großartiges Panorama! Es ist hier der Geist des Mittelalters in den hohen Domen und altergrauen Burgruinen dargestellt, welcher sich, mit dem modernen Zeitgeist verbunden, der all seine Erfindungsgaben angestrengt hat, um mit ihnen dieses schöne Land, das die Natur schon so reichlich geschmückt, durch die Kunst der Menschen noch mehr zu verherrlichen.

Das Diadem aber von allem Schönen und Prachtvollen in diesem Paradies ist die ehrwürdige Ruperto Carolina mit dem herrlichen Schlosse ihres Stifters, ist mit einem Worte das alte und ewig junge Heidelberg, von dem einer unserer Dichter singt:

> Alt Heidelberg, du feine,
> Du Stadt an Ehren reich;
> Am Neckar und am Rheine
> Kein' And're kommt dir gleich.

Eine paradiesischere Lage sich zu denken, ist unmöglich; hier hat die Natur ihr reichstes Füllhorn ausgeschüttet, hier bietet sich dem Auge Alles dar, was man nur immer von dem Ideale einer Gegend verlangen kann, als ein romantisches Gebirgsthal, durch dessen Bett man einen rauschenden Fluß in vielfältigen Krümmungen hinabfließen sieht, ein in gigantischen Formen sich erhebendes Felsen- und Waldgebirge, von dessen Gipfel man eine Aussicht in die Ebene hat, wie man sie sonst so großartig nur selten sieht. Wie von einem Amphitheater aus genießt das Auge den Anblick der schönen Ebene, durch deren Mitte sich der stolze Rhein wie ein Silberfaden hindurch schlängelt, indeß den Rand des reich mit Städten, Dörfern, Schlössern und Gehöfen geschmückten Bildes im Westen das bläulich-duftige Gebirge der Vogesen und der Hardt begrenzt; es ist natürlich, daß eine solche reizende Gegend mit beitrug, den Unterzeichneten zu seinem Werke anzufeuern.

Jedem patriotischen Bewohner Heidelbergs, sei er Gelehrter, Künstler, Industrieller oder Kaufmann, wird es von

Werth sein, im unterhaltenden Gewande die erste Entstehung seiner Wohnstätte, besonders jene Zeit, wo sich dieselbe von einem unbedeutenden Fischerdörfchen unter dem Schutze eines mächtigen Fürsten zur Stadt und Residenz desselben erhob, in diesem Buche ausführlich erzählt zu finden.

Der Zweck dieser Schrift ist nicht nur, die Leser durch dieselbe angenehm zu unterhalten, sondern auch der, den Jüngling und die Jungfrau, gewissermaßen spielend, von den Anfangsperioden ihrer Vaterstadt zu unterrichten, und in der Liebe zu derselben zu erstarken.

„Eingepflanzt, eingeprägt ist Vaterlandsliebe!" sagt der weise Herder, denn jedem guten Menschen ist das Stück Erde, wenn es auch noch so unbedeutend ist, wo er das Licht der Welt erblickte und die ersten Jahre einer goldnen Jugend sah, heilig, und dieses um so mehr, wenn die gütige Natur unsere Heimath zu einem Garten geschaffen, welcher durch den Reiz der Geschichte sich zu einem wahren Paradies gestaltet hat. Dunkel sind zwar die Fingerzeige, welche aus jener Zeit zu uns herüber deuten; doch der früh heimgegangene Dr. Häusser hat uns mehrere derselben in seiner trefflichen Geschichte der Churpfalz, Heinrich Zschocke in seiner Bayerischen Geschichte, Professor Kortüm in dessen Friedrich Barbarossa, Kaiser in seinem historischen Schauplatz, Dr. Leger in seinem Führer durch die Ruinen des Heidelberger Schlosses, Hofrath Hautz in seiner Geschichte der Universität Heidelberg,*) und erst voriges Jahr Herr Pfarrer Wirth durch die Herausgabe seines „Archiv für die Geschichte der Stadt Heidelberg", eines Buches, welches eigentlich in keinem Hause unserer Musenstadt fehlen sollte, sowie noch andere geschichtskundige Männer in

---

*) Herausgegeben von dem rühmlichst bekannten Dr. K. A. von Reichlin-Meldegg, ordentl. Professor an der Ruprecht-Karls Hochschule.

ihren Werken gesammelt. Alle diese historischen Andeutungen hat nun der Verfasser dieser Schrift über jene Zeit in einem Epos zu vereinigen gesucht, in welchem er nach der Einleitung in sein Werk die Sage von der Prophetin Jetta auf eigene Weise bearbeitet, vorausgehen ließ.

Die geschichtlichen Andeutungen hat der Verfasser in dem poetischen Theile mit Zahlen bezeichnet und nach jedem Gesange, in einer zweiten Abtheilung in Prosa, nebst Angabe der historischen Quellen, zu erläutern gesucht.

Dieses Epos wird nicht nur Abbildungen des älteren oberen Schlosses und der an dessen Stelle von Herrn Wagner errichteten schönen Molkenkur, sondern auch eine kleine Geschichte dieses classischen Ort's, als Anhang in Prosa beigegeben, weil die Handlungen der Erzählungen größtentheils in dem alten, oberen Schlosse des kleinen Geisbergs beginnen und endigen.

Sollte dieser, für sich als ein Ganzes abgeschlossene Band in dem Publikum einigen Anklang finden und der Ewige dem Verfasser ein längeres Leben schenken, so wird ein zweiter Theil über das neuere untere Schloß auf dem Jettabühel erscheinen, in welchem der Verfasser es versuchen wird, das Leben der berühmtesten Fürsten, die hier residirten, in Novellenform zu beschreiben.

Möchten namentlich die gelehrten Leser dieses Buches mit mancher Schwäche, die vielleicht demselben noch ankleben könnte, gütige Nachsicht haben und ihm eine freundliche Aufnahme schenken, wodurch sie den Abend eines Greisen, dessen Leben nur wenige Sonnenblicke des Glücks erfreuten, erheitern würden!

Dr. Fr. Seupel.

Einleitung.

Erster Gesang.[1]

Im Purpurschmucke sank die Sonne nieder,
Vergoldete das weite Thal des Rheins,
Zu meinen Füßen glänzt ein silbern Band
Durch grüne Flur, der wilde Neckarfluß;
Er strömet hin durch Felsen in das Thal
Und sucht des Rheines goldgenährtes Bett.[2]
So jagt und stürmet auch der Mensch durch's Leben,
Sucht Gold und Ruhm, bis ihm das Alter zeigt,
Daß Reichthum, Rang und Ehre in der Welt
Wie in dem Tiegel des Adepten, Blasen nur
Zu nennen sind, die glänzen und zerschellen,
Wenn einst Freund Hein die scharfe Hippe schwingt —
Und vor mir thront in Purpurgluth beleuchtet,
Die hohe Burg der edlen Schyrenfürsten;[3]
Doch tief und immer tiefer sank die Sonne,
Die Schatten wurden größer, endlich hüllt'
Die Nacht das Bild in ihren Schleier ein. —
Wenn deines Glückes Sonne Nacht umhüllt,
So zage nicht, o Mensch, kehr bei dir selber
Nur muthig ein, und ist dein Herz dann rein,
So kannst du ruhig auch im Dunkel harren.
Am Abend taucht die Sonne scheidend nieder
Und morgen bringt den jungen Tag sie wieder.
Doch auch im Dunkeln drang des Flusses Rauschen

Herauf; er strömt zum väterlichen Rhein,
Du aber, Burg, stehst nun in Nacht versunken
Und Dunkelheit umlagert dein Gemäuer.
Doch wenn dich auch der Nächte Flor umweben,
Klio wird dich mit ihrem Licht beleben. —
Eh' du noch war'st, du alte Schyrenburg,
Hat vor Jahrtausend' schon der wilde Neckarfluß
Von Fels zu Fels sich seinen Weg gebahnt;
Des Schlosses Größe ist dahin geschwunden
Und Staub ist das Gebein von seinen Herrschern;
Und seine Pracht blieb nur ein Trümmer-Haufen,
Indeß der Neckar jung wie früher rauschet. —
So wälzt die Zeit sich kämpfend fort und fort
Und keine Macht kann trotzen ihrer Stärke,
Und nimmersatt zerstört von Ort zu Ort
Geschlechter sie und ihre größten Werke;
Denn wie die Mythe lehrt und deren Lieder,
Verschlingt Saturn die eig'nen Kinder wieder.
So denkend sanken mir die Augenlider
Und träumend flog vor meiner Phantasie
Ein Kranz von Bildern nach und nach dahin —
Und als ich endlich aus dem Bildertraume
Erwachte, schlug die zwölfte Stunde schon.
Die Dunkelheit, die kurz zuvor die Burg
Umhüllte, war verschwunden, und der Mond
Beleuchtete sie geisterhaft und hell.
Den Sternen gleich so funkelten die Lichter
Der Musenstadt, tief an dem Strand des Neckars.
Der Wächter stieß in's Horn, das Käuzchen schrie,
Die Eule hob geräuschlos ihre Schwingen,
Der Luftzug ächzte durch die alten Mauern
Und all die erst erblickten Traumgebilde,
Auf's Neue zogen sie an meinem Aug,
Der Seele, als ob sie lebten, jung vorüber. —
Ich sah' die Wildniß von dem Ur bevölkert,
Sah Römerheere, Allemannenzüge,

Sah' Franken, und die ersten gläub'gen Christen
Aus Waldesgrund sich ihre Stämme schlagen,
Und Hütten bauen an dem Neckarstrande;
Sah' Jetta, die Prophetin, schrecklich enden
Und Conrad noch an jenem Schlosse bauen,
Wo wir die schöne Molkenkur jetzt schauen;[4]
Und hob das Aug' hin nach dem Königsstuhle[5] —
Erblickte dann die Reihe von den Kaisern
Und Königen und all den Schyrenhelden, —
Sah' Tylli's Heer, der Schweden blonde Krieger,
Hört' Kampfgetös und Schlachtenruf der Sieger;
Vernahm des armen Bürgers laute Bitte:
„Errett', o Herr, uns aus so großer Noth!"
Doch schonungslos zerstört ward seine Hütte
Und Rettung fand oft Mancher nur — im Tod!
Zum Schluß noch sah' ich Melac's Schaaren ziehen. —
Noch einen Blick zur Burg, dann wollt' ich fliehen.
Da plötzlich blieb von dem, was ich gesehen,
Nur noch ein schöner Trümmerhaufen stehen.
D'rum eilt' ich fort in's kleine, traute Stübchen,
Das in der Musenstadt ich mir erwählt,
Und Clio's Werke waren mir zur Seite
Und ich begann, durch ihren Born gestärkt,
Was einst gescheh'n und was ich nur geträumet,
Nach Dichter Art Euch vor das Aug' zu führen.
Und so entstand das Werkchen voll von Liedern,
Ein Bild von freud- und kummervollen Tagen,
Geschichtlich treu, wie sie sich zugetragen.
Ich hab' beim Lämpchen sitzend, manche Nacht
Darüber denkend, schreibend zugebracht,
Und findet Beifall, was ich hier gesungen,
Dann ist, was ich erstreben wollt', gelungen.

Mein Leser, denke Dich mit mir zurück
In jene graue Zeit, wo die Geschichte

Nur sparsam hier und da ein Fünkchen Licht
Verbreitet; wo der Bau der Erde nur
Den Denkern seine Fingerzeichen giebt,
Da mag das weite Thal des Rheins ein See
Mit sumpf'gen Inseln, wald'gem Uferland
Gewesen sein. — Der Rheinstrom drin ein Bild, ⁶
Wie wohl kein and'rer Strom leicht giebt. —
Er fällt als Kind aus Gletscherschoos und tobt
Als Knab' von Fels zu Fels; als Jüngling stürmt
Er brausend noch dahin, bis er als Mann
Mit würd'ger Ruh das deutsche Land durchströmt:
Ein wahres Lebensbild der Menschen, die,
Nachdem sie ausgetobt, mit matten Gliedern,
Ermüdet durch den langen Lauf, zuletzt
Sich betten in der Erde Riesenschoos.
Das Neckarthal war wohl in jener Zeit
Mit hohem, starrem Urfels hier gesperrt, —
Auf dem der rothe Sandstein lagerte. —
Des Flusses Fluthen mögen da der Fälle
Gar manche noch gebildet haben, bis
Des Wassers wilde Kraft des Thales Tiefe,
Wie die Geschichte sie von frühster Zeit
Gekannt, so ausgespült und wohnlich machte. —
Der Wölfe wilde Brut, das Elenn und
Der Ur, der Sümpfe gräuliches Gewürm
Und manches wilde Thier, das nun vertilgt,
Mag hier gehaust, als endlich der Schöpfung Herr,
Der Mensch, nun dieses Thal zum Wohnsitz auserwählt.
Es siedelten sich dann im Neckarthal
Der Kelten Schaaren an, mit Jagd und Fischfang ⁷
Sich nährend, bis der Germanen Stämme, —
Ein kräftig Volk, von Norden kommend — sie
Verdrängt.⁷ — Doch die Geschichte zeigt uns oft,
Daß Thaten ganzer Völker schon auf Erden
An ihrer Enkel Enkeln unverhofft,
Früh oder spät, doch noch vergolten werden:

Auch hier bewährte sich's. — Von Roma zogen
Der Weltbeherrscherin gewalt'ge Heere, [8]
Sie schreckte nicht der Seeen stürm'sche Wogen,
Der Alpen Höhen und des Eises Meere, [9]
Sie stürmten an des Rheinstroms Ufer nieder,
Verdrängten kühn nun die Germanen wieder.
Nicht nur durch Heldenmuth und Waffenglück
Vertrieb ihr Schwert die kräftigen Germanen,
Auch ihre Schlauheit half noch mit zum Siege;
Sie warfen Zwietracht in der Deutschen Mitte —
Wo diese Natterbrut ihr Nest gebaut,
Da brütet Unheil auch die Eier aus. —
Die Stämme hatten sich entzweit und Einer
Der wurde nach dem Anderen besiegt
Und Rom beherrschte nun Germanien's Gauen. —
Wem fällt nicht hier ein gall'scher Cäsar ein,
Der's auch, wie einstens Romas Cäsar, machte,
Mit Deutschen Söhnen Deutschlands Söhne schlug! —
Mit Roma's Heeren zog in diese Thäler
Die erste Blüthe einer höher'n Bildung,
Das Castrum Lopodunum ward erbaut,
Und bald erblühte eine Stadt dabei [10]
Und ein mit Stein belegter Weg, der führte [11]
Von da auf ein Castell am rechten Ufer
Des Neckarflusses, auf den heil'gen Berg,
Wo auch ein röm'scher Tempel einstens stand;
Nun zog sich dieser Weg den Berg hernieder
Ueber den Neckar, wo noch heute man
Uralt Gemäu'r erblickt, von hier dann weiter
Durch Wildniß hin, den Hedelberg empor, [12]
Wo zwei Castell' zum Schutz der Römer standen.
Dies waren wohl die ersten Fundamente
Der Heidelberger Schlösser, deshalb hab' ich
Den Römerweg, der hingeführt, beschrieben.
Vom Castell auf den kleinen Hedelberg,
Da führt noch heute dieser Weg nach Gaiberg,

Von da über die Berge hin nach Sinsheim. [13]
Die Römer bauten sich zum Schutze vor
Germanen nun gen Osten einen Wall,
Und richteten sich ein als wie daheim. —
Geschlechter sanken und Geschlechter stiegen
Im Zeitenstrome auf und ab; doch nimmer
Vergessen Kindes-Kinder jene Schmach
Der Väter, die, durch Römer List und Schwert,
Germanen einst erlitten, die verdrängt
Von heim'scher Erde, nun Jahrhundert' schon
An fremder Stätt' gewohnt. — Aber die Stämme
Durch ihrer Ahnen Schmach belehrt, ergrimmt,
Vereinten sich, bewehrt mit Schild und Speer,
Zu einem Körper, als ein mächtig Heer,
Und drängten einig nun und kühn von dannen,
Beseelt von einem Geist als Allemannen, [14]
Die Feinde nun, vereint durch heil'ge Bande,
Für immer aus dem alten Heimathlande.
Die Eintracht, sie macht stark und hilft im Krieg,
Ist er gerecht, wohl jederzeit zum Sieg!
Geschlagen wurden nun der Römer Heere,
Zurück in ihre Heimath fortgedrängt.
Kein Römerheer sah mehr Germaniens Fluren,
Doch häufig findet man noch seine Spuren,
Wenn zu Ruinen auch verfallend jetzt. —
Nun ruhte ein'ge Zeit der gold'ne Frieden
Auf diesen Thälern, Segen bringend aus,
Der Hirt erfreute sich am muntern Liede,
Der Jäger bracht' des Waldes Thiere heim;
Doch bald war diese gold'ne Zeit entflohen,
Der Franken Stämme kamen angezogen
Mit ihrem tapfern König Clodowig, [15]
Und ihre Bahn bezeichnete der Sieg.
Sie drängten nun hinauf die Allemannen,
Hinauf am Rhein über den Osbach fort;
Dort an dem schwarzen Walde bis zu

Des Rheines Fluth, da haust' von jener Zeit
Bis heute noch der Allemannen Stamm.
Die Franken aber bauten heimisch sich
In dem erkämpften Lande fleißig an,
Zertrümmerten im Hain Odins Altäre ¹⁶
Und bauten Tempel für die Christenlehre.
So sühnte sich das Blut, das hier vergossen;
Aus diesem — sagt die Sage — rothen Blut,
Sei auch des Sandsteins Farbe hier entsprossen,
Die röther noch bei Früh- und Abendscheine.
Schön ist die Landschaft dieses Neckarthals,
In dem bis heute noch die Franken wohnen,
Mög' Gottes Segen über ihnen thronen!

Historische Erklärungen des ersten Gesanges.

1) Der Dichter denkt sich, bei dem Beginn seines ersten Gesanges, auf der herrlichen, dem Schlosse gegenüber gelegenen großen Terrasse, welche der geschickte Baukünstler Salamon de Caus 1613 für Kurfürsten Friedrich V., den unglücklichen Böhmen-König, erbaute.

2) Es ist bekannt, daß der Rhein Gold mit führt, welches an mehreren Orten des Elsasses aus dem Rheinsande gewonnen wird, sowie auch im Badischen Lande in Rhein-Orten Goldwäschereien bestehen.

3) Das hohe Geschlecht der Wittelsbacher hat von seinem Stammschlosse Scheyren in Baiern den Namen Scheyrenfürsten.

4) Conrad von Hohenstaufen hat das obere Heidelberger Schloß nicht erbaut, sondern nur wohnlicher erneuert. Auf der Stelle, wo jetzt ein unternehmender Mann, Herr Wagner aus Heidelberg, ein Gesellschaftshaus und eine Molkenkur-Anstalt — welche in jeder Beziehung sehr empfehlungswerth sind — erbaute, stand früher das — wahrscheinlich auf den Trümmern des römischen Castells — von fränkischen Fürsten errichtete ältere Schloß. Dieser Ort, der von Einheimischen und Fremden häufig besucht wird, hat, besonders bei Sonnenuntergang, eine wahrhaft reizende Aussicht. (Siehe Anhang über das obere Schloß.)

5) Der Königsstuhl hat seinen Namen schon in den ältesten Zeiten erhalten; er hat eine Höhe von 1800' über der Meeresfläche. Paulus Meltsus erzählt im Jahr 1598 von ihm, daß sich ein sehr hoher Berg über dem Schlosse Heidelbergs befinde, welcher Königsstuhl benannt sei, auf welchem sich eine alte Eiche mit weit ausgedehnten Aesten befinde, um den Stamm aber wären Sitze angebracht, weßhalb es auch nicht unwahrscheinlich, daß in den ältesten Zeiten hier auf geheiligter Stätte eine Malstatt war, und daß der Name Königsstuhl in den Zeiten der Karolinger oder der Sachsenkaiser entstanden sei. — Jedenfalls war das Mittel aber nicht geeignet, eine Benennung der Art aufzubringen, blos um einen Spaziergang zu verewigen. — Herr Prof. von Leonhard giebt in seinem Fremdenbuch über Heidelberg und seine Umgebung die Ansicht eines gelehrten Freundes, nach der unser Königsstuhl seinen Namen, wie andere Berge dieser Art, großen Felsblöcken zu danken hätte, welche sich in dem Königsschlag, Ziegelhausen gegenüber, befinden. — In unserem Jahrhundert (1815) bestiegen die Kaiser Franz von Oestreich und Alexander von Rußland diese Stelle, was noch ein im Gebüsche versteckt stehender Gedenkstein erzählt, worauf ein Theil des Volks ihn sogleich zu einem Kaiserstuhl umtauschte. — In Folge eines Aufrufs des Buchhandlungscommis Heinrich Jacobi trat ein Comite zusammen, welches eine Sammlung in der Stadt veranstaltete. Großherzog Leopold und dessen Brüder, die Markgrafen Wilhelm und Max, betheiligten sich mit ansehnlichen Beiträgen, worauf schon 1832 der Grund zu dem nun längst vollendeten gothischen Thurm auf der höchsten Stelle des Königstuhls gelegt wurde, von welchem man eine Aussicht über ein Gebiet von mehr als 500 Geviert=Meilen genießt. Nach Südwesten erblickt man die Straßburger Münsterspitze, welche wie im Nebel zu schwimmen scheint, und im Südosten die Schwäbischen Berge, an die sich südlich die Berge bei Baden=Baden anreihen. — Westlich die Vogesen, wo unser Blick von Straßburg über die Städte Rastadt, Karlsruhe, Landau, Germersheim, Speier, Mannheim, Frankenthal und Worms schweift, wo endlich der Gesichtskreis im Norden von dem Taunusgebirge begrenzt wird; uns gegenüber der schöne Hardt mit der gesegneten bayerischen Pfalz und das herrliche Rheinthal; zu unsern Füßen der rauschende Neckar, dann nordöstlich die Berge des Odenwalds. Wahrlich ein erhabenes Bild der Natur, was nur selten sich den staunenden Augen zeigt.

6) Der kundige Leser wird sich erinnern, daß der Rheinstrom aus den Gletschern des Gotthartsgebirges entspringt, als

Später führte von der alten Burg auf dem Gaisberg ein breiter Weg nach dem Wolfsbrunnen.

12) Mehrere alte Schriftsteller wollen den Namen Heidelberg von Hedelberg ableiten, d. h. von Gaisberg, wie noch heute der Gebirgsstock am linken Ufer des Neckars benannt wird, denn die alten Deutschen nannten eine Gais „Hedel", wie es in Süddeutschland noch an vielen Orten — Hedele — gebräuchlich ist. Nach Leger's Führer durch die Ruinen des Heidelberger Schlosses (pag. 3) hat Heidelberg sein altes Wappen von Conrad von Hohenstaufen im XII. Jahrhundert erhalten, welches in einem blauen Schilde, einem mit fruchttreifen Heidelbeeren bewachsenen Berg enthaltend, auf dem eine reich geschmückte Jungfrau, die einen Strauß mit Heidelbeeren in der rechten Hand hält, besteht. — Auch das Stadtsiegel soll Konrad nach benannter Quelle der Stadt verliehen haben; es war ein Löwe mit behelmtem Haupte, geschlossenem Visire und einem Büschel von Heidelbeerzweigen als Helmzierde.

13) Zeus leitet die Deutung des Namens „Allemannen" von Almeinde-communis, und Grim von Ala und mans, d. h. recht tüchtige Männer, ab, welche beide Ansichten dahin übereinstimmen, daß sie die Allemannen als ein gemischtes Volk verschiedener Elemente betrachteten.

14) Anno 499—500 zog der erste christliche König Clodowig mit einem fränkischen Heere nach Germanien, und drängte die Allemannen den Rhein hinauf, wo deren Nachkommen noch heute, von der Osbach bis an die Ecke, welche der Rhein bei Basel bildet, und dann weiter östlich, im Rheinthal rechts, und in den Seitenthälern und Höhen des Schwarzwaldes wohnen. — Der gemüthliche Prälat Hebel hat in seinen allemannischen Gedichten die jetzigen Sitten und Gebräuche dieses biedern und kräftigen Volksstammes in deren Mundart besungen, welche sich entschieden von der fränkischen unterscheidet. Dr. Häusser berichtet gleichfalls in seiner Geschichte der Rheinpfalz: „Man muß mit den Besiegten hier härter verfahren sein, als in den südlichen Theilen Allemanniens; denn eine scharfe Grenze von Sprache und Volkscharacter trennt bis auf den heutigen Tag diesseits das Allemannische Gebiet von dem jenseitigen, den bayrischen und badischen Pfälzer von dem Elsäßer und dem Schwaben auf dem rechten und linken Rheinufer. Der Kern der allemannischen Bevölkerung wurde wahrscheinlich herausgedrängt und durch fränkische Einwanderer ersetzt; freie Franken nahmen in dieser Gegend Wohnsitze, und diese sind die Grundlagen der pfälzischen Volksindividualität geblieben.

15) Der Odenwald erhielt seinen Namen von dem Gotte Odin, auch Wodan oder Erik bei den alten Deutschen genannt. — Dieses war der Gott des Krieges, Thor oder Teut, der Donnerer genannt, hielten sie für den Schöpfer der Gewitter; dem gütigen, unsichtbaren Wesen aber, daß die Fortpflanzung und Erhaltung des Menschengeschlechtes begünstigt, gaben sie, der zärtlichen Pflege wegen, den weiblichen Namen einer Braut, und nannten sie Freya. Die Römer sagten, diese Gottheiten seien nichts Anderes als: Odin ihr Mars, Teut ihr Jupiter und Freya ihre Venus.

Zweiter Gesang.

Sagen.

1. Karl der Große im Kloster Lorsch.

Das dunkle Reich der Sage öffnet sich,
Wo der Geschichte lichte Quellen fehlen;
Wo diese doch zu Tage offen liegen,
Verläßt sie das Gebiet der ältern Schwester.
Auch ich beginne mit dem Reich der Sagen
Und gebe hier ein Bild von einer Mutter, —
Und wünsch', daß Mutterliebe nicht allein
In Segen nur zu finden möchte sein.
Nach der Geburt des Herrn, als man zählte
Der Jahre siebenhundert vier und siebzig,
Sah man ein groß' Getrieb' von Reisigen,
Von Herr'n und Knecht', von Dienstbaren und Freien,
Von Priestern und von Lai'n — und Zelte ragten
Am Flüßchen hin, das man heut Weschnitz nennt.[1]
Auf dessen Ufer sich ein stattliches
Gebäud', das weit sich breitet aus, erhob. —
Zur Ehr' des Ew'gen ward dies Gotteshaus erbaut,
— Von Cantor dem Gaugrafen war's gestiftet[2]

Und feierte nun die Inauguration.
Der heil'ge Vater hatt' es längst beschenkt
Mit dem Gebein von St. Nazarius,
Zu dem der Pilger viel aus Nah' und Fern,
In Einfalt, wallten und vertrauungsvoll
Sich stärkten durch Gebet, und reinigten
Durch Buße und durch manches gute Werk. —
Des Herzens Einfalt und ein fromm' Gemüth
Ist's, was den Menschen ja zum Himmel zieht.
Da nun zu klein die früh'ren Räume waren,
Um aufzunehmen jetzt der Pilger Schaar,
So ward ein neuer pracht'ger Bau errichtet.
Das Kloster Lorsch war dieses Gotteshaus;[3]
Geöffnet war sein Thor, es zog heraus
Des neuen Klosters erster frommer Hirt,
Mit Inful und mit Stab, der Abt Nutgang
Im prächtigen Ornate folgte ihm —
Von den Leviten, Mönchen ringsumgeben,[4]
Die Blumen streuten und das Weihrauchfaß,
Von Wohlgerüchen dampfend, reichlich schwangen. —
Der Erzbischof von Mainz, der strenge Lullus,
Er trug — die Hand umwunden mit der Stola —
Die Monstranz, — betend folgten ihm noch nach
Des Klosters Priester mit Kreuz und Fahnen,
Und heil'ge Lieder von den Lippen schallen
Zu Ehren Gottes in des Himmels Höhen. —
Da kam von Ferne, diesem Zug entgegen,
Ein Anderer von einer Reiterschaar,
Die hoch zu Rosse prunkt im Kriegerschmucke,
In dessen Glanz die Sonne tausendfältig
Gespiegelt sich. — Voraus ein Herold ritt,
Dann folgten Reiter, die Fanfaren bliesen;
Dann kam ein Mann mit ernst, doch güt'gem Blick,
Ehrfurcht gebietend, Jedem der ihn sah;
Und ihm zur Seite ritt' auf weißem Rosse
Ein Frauenbild, des reichgeschmückten Zelter er

Besorgt von Zeit zu Zeit am Zaume hob, —
Und diesen folgt' ein langer Zug von Rittern
Und Frau'n, von Edelknechten und von Knappen. —
Der hohe Mann war Kaiser Carolus
Der Große, und das holde Frauenbild
War Hildegard, des Kaisers Eh'gemahl —
Und ihnen nach des Reiches erste Großen,
An deren Spitze seine Söhne zogen.
Von Speier kam der Kaiser, brachte mit⁵
Geschenke für den neuen Klosterbau. —
Doch als derselbe nun den Zug erblickte,
Die Priester sah mit dem Hochwürdigen,
Stieg er vom Pferd' und beugte ehrfurchtsvoll
Die Knie' vor Ihm, dem Herren aller Herren,
Vor Ihm, dem Schöpfer, der im Himmel thronet
Und auch auf Erden bei den Guten wohnet, —
Indeß der Kirche Segen spendete
Der Bischof der gesammten frommen Menge.
Voll Andacht knieten Alle betend nieder,
Die Priester aber sangen heil'ge Lieder,
Der Kaiser nun ergriff die schöne Hand
Der Gattin, zu geleiten sie in das
Gemach der Frauen, um der Ruh' zu pflegen, —
Denn später sollt' die Einweihung beginnen —
Und Alles wandte sich dem Kloster zu.
Da tönt es plötzlich aus des Volkes Mitte:
„Halt ein, o Herr! eh du das Gotteshaus
Betrittst, gewähre mir noch eine Bitte,
Und übe, großer Fürst, noch Gnade aus!"
Der Kaiser hielt und staunend gafft das Volk, —
Denn aus der Menge trat ein junges Weib
Von schlankem Wuchs mit ausdrucksvollen Zügen,
Und ihr zur Seite ging ein alter Knappe, —
Auf ihrem Arm trug sie ein Knäblein noch,
Mit ihm warf sie sich vor dem Kaiser nieder,
Und rief: „O üb' Barmherzigkeit auf Erden,

Dann wird sie Dir auch einst im Himmel werden!"
„Wer bist Du, Weib?" sprach Carl, und hob sie auf,
„Wer bist Du, und was kann ich für Dich thun?"
„Jetta bin ich, Anthysus treues Weib,[6]
Das Weib des Mann's, den Deine Häscher suchen,
Des Franken Fürsten, der Rebell gewesen,
Und der beßhalb sein schuldig Haupt verbirgt;
Doch reuevoll um Deine Gnade wirbt. —
Verzeih', o Herr! erhör' der Gattin Flehen
Und laß dies Kind mich nicht als Waise sehen!
Auch Du bist Gatt' und Vater, liebst Dein Weib
Und Kind. — O laß' um dieser Liebe willen
Dich rühren und mir meine Bitt' erfüllen. —
Verzeih'n, o Herr, ist größer als bestrafen,
Weil Du so groß, magst Du auch Großes üben!"
Ein banges Schweigen folgte rings umher,
Denn zürnend wandt' der Kaiser seinen Blick;
Doch Jetta stürzte nochmals auf die Knie
Und hob ihr Kind zu Hildegard empor:
„O Du bist Mutter, einer Mutter Herz
Wird sich des Kindes Mutter — ach der Armen!
Um ihres eignen Kindes schon erbarmen,
Und gütig sich auch für mein Flehen finden
Und eine Fürbitt' bei dem Gatten spenden."
Nun kehrte Hildegard mit sanftem Blick
Sich zu dem hohen Gatten liebend hin,
Und flüsterte ihm ein'ge Worte zu.
Da wandte sich des großen Kaisers Sinn, —
Wie wir aus der Geschichte häufig sehen,
Die Größten konnten selbst nicht widerstehen,
Wenn sie ein treues, schönes Weib gebeten. —
Er sprach: „Ich will verzeihen, doch Dein Mann
Soll nie an meinem Hof sich blicken lassen,
Und diesen holden Knaben giebst Du mir,
Damit er fern von dem Verrath erzogen
Und nicht des Vaters Treuebruch einst erbe;

Doch Dir bleib' ich in Gnaden stets gewogen."
„Halt ein, o Herr!" rief Jetta schmerzvoll aus,
„Und reiße nicht der Mutter größte Lust,
Das Kind von seiner Mutter treuen Brust!
Willst Du mich tödten, wohl so nimm mein Leben;
Doch meinen Knaben kann ich Dir nicht geben!"
Da blickte Karl staunend auf das Weib
Und rief: „Vergeben hab' ich Deinem Gatten
Um Deiner treuen Mutterliebe willen;
Denn Muttername ist geheiliget,
Wie wohl kein irb'scher Name sonst es ist,
Im Himmel und auf Erden fort und fort,
Durch alle Länder und durch alle Zeiten,
Bis hin zur Ewigkeit zum Himmelsport,
Wird Mutterlieb' des Kindes Frühling leiten.
O Menschenkind, wie glücklich bist doch Du,
Dem noch der süße Muttername tönt,
Ja dreimal glücklich Du, kannst Du Dich schmiegen
In Mutterarm' und an der Mutterbrust,
Die Deiner zarten Kindheit gold'nen Morgen
Bewacht, und freudig stets mit inn'ger Lust,
Sich sammelt Deine Schmerzen, Deine Sorgen,
Sie pflegt und nährt — als wie der Sonne Licht,
Oder des Lenzes warmer Regenduft
Des Jahres erste Blüthenknospe nährt —
Ihr Kind, das sie mit Schmerz und Lust geboren.
Ja, heilig ruft es fort von Land zu Land,
Ja, heilig ist der Mutternam' und Stand,
Und wehe, wehe dem, der ihn nicht ehrt,
Er ist des Menschennamen nimmer werth!"
So sprach der Kaiser, Hilbegarde nahm
Jetta am Arm und führt' sie mit sich fort. —
Da sprach der Höfling Ulbar zu dem Kaiser:
„Laßt Euch, o Herr, nicht von dem Weib berücken,
Es ist die Hexe von dem Hebelberg,
Befehlet, und wir werden fort sie schicken,

Daß sie sobald nicht wieder lästig wird."
Doch Carl sprach: "Mein Wort darf man nicht wenden,
Mein Kaiserwort! Das And're wird sich finden."
So hatte Mutterlieb' den Sieg errungen,
Des großen Kaisers Karls Herz bezwungen.
Bald hörte man aus den geweihten Hallen
Nun das "Gott! Dich preisen wir!" erschallen.

---

2. Das Gericht.

Am andern Tage, als die Feierlichkeit
Der Einweihung vorüber, saß im Freien
Des Kloster Lorsch der Kaiser und der Mönch
Alkuin, sein Rath, ein hochgelehrter Mann,[7]
Und Eigenhard, Geheimschreiber von Carl,[8]
Bischof Lullus, der Abt Rutgang und noch
Der Großen mehr, um Ding zu halten hier,[9]
Nach alter deutscher Sitt' und deutscher Weise
Umlagerte das Volk den Ort im Kreise.
Und vor den Schranken stand Utbar als Kläger,
Und sprach: "Eh' ich zum Hof des hohen Kaisers kam,
War ich im Kraichgau und im Neckarthale,
Wo mein erlauchter Vater, wie ihr wißt,
Abrinisburg[10] besitzt, da hört und sah
Ich oft, wie Jetta, Fürst Anthysus Weib,
Zum Bühl gelockt viel Volk, und Zauberkraut
Vertheilt und in die Zukunft prophezeiht',
Daß hier wohl einst der Pracht unendlichste
Entfaltet würd', und daß am Neckarstrand,
Wo hier und da nur eine Hütte ruht,
Die Weisheit einst sich ihren Sitz erwähle,
Daß auf dem Hedelberg und ihrem Bühl
Manch' Kaiser und manch' König hausen würden —
Und manches tolle Zeug noch mehr, das mir

Entfallen ist. — Mich selbst hat einst die Hexe
Ganz toll gemacht, ich lief als wie ein Hund
Ihr nach, da nahm **Anthysus** sie zum Weibe [11]
Und baute ihr zu Ehren eine Burg, [12]
Und nannt' den Bühel, wo er sie erbaute,
Den Jettabühl, und der Kapell dabei
Gab er auch ihren Namen, wo sie auch
Nun ihre Zauberkünste treibt und so
Den heil'gen Ort durch Heidenthum
Entweiht. — Dies ist's, was ich von Jetta weiß,
Was diese Männer auch bezeugen können,
Die freie Leut' und aus dem Neckarthale
Geboren sind." — Nun schwieg er still und wandte
Zu den Gefährten flüsternd sich. — Indeß
Die Richter schweigend Ulkbar angehört,
Sendeten sie nach Jetta, der Prophetin.
Sie kam einher mit ruh'gem Blick, wie ihn
Ein gut Gewissen jeder Zeit wohl zeigt,
Und stand, das Knäblein ihr zur Seite,
Ganz furchtlos frei, nun vor den Richtern da.
So steht die Unschuld vor dem höchsten Throne,
Ihr kann die schwerste Klag' nicht furchtbar sein,
Und trifft sie auch des Leidens Martyrkrone,
Sie ist gestärkt, kehrt sie nur in sich ein,
Und baut auf Ihn, den Herren aller Welten,
Der Laster straft und Tugend wird vergelten.
Der Kaiser sprach: „Verziehen hab' ich wohl
Dem Gatten Dir; doch dieser Mann **Ulkbar
Abrinisburg**, er klagt der Zauberei
Und der Entweihung heiligen Ort's Dich an. —
Lies', Eigenhard, der Fürstin Anklag' vor —
Dann sage, was darauf Du sagen kannst."
Als Eigenhard gelesen Ulkbar's Klage,
Warf Jetta einen Blick, nur einen hin,
Nach ihrem Kläger, der verlegen nun
Das Aug' beschämt zur Erde nieder schlug.

Sie sprach: „Wohl hat mich Jener dort,
Als ich noch Gräfin in dem Kraichgau war,
Mit seiner Liebe lang verfolgt, doch ich
Erkannt' sein böses Herz und floh vor ihm,
Deßhalb sucht Rache er zu nehmen nun. —
Wahr ist's, daß Anthysus, mein Gatte, mir
Zu Liebe, auch nach mir den Bühl' benannt,
Und daß viel Volk in der Kapell' mich sucht,
Weil ich die Kräuter all' der Berge kenne,
Und viele Tränklein zu bereiten weiß,
Womit ich manchem Leidenden geholfen;
Nicht Zauberei gab diese Kunst mir kund,
Ich lernte sie aus eines Heil'gen Mund.
Dem Dürft'gen theilt' ich Brod und dem Bedrängten
Manch' guten Rath ich stets nach Kräften aus.
Dies war mein Thun in jenem Gotteshaus,
Hab' ich da seine Heiligkeit entweiht?
Wer ist es, der mich nun noch dessen zeiht?
Wahr ist es, daß mich oft ein lichter Geist
Beseelt, der mir der Zukunft Bilder zeigt;
Dann treibt es mich, ich muß, was ich gesehen,
Auch offen Allen, die mich fragen, künden. —
Sprecht, edle Herr'n, ist Sünde nun mein Thun,
So gebet mir als Sünderin den Lohn;
Doch findet tadellos Ihr mein Bemühen,
So laßt, ich flehe! mich zum Gatten ziehen,
Und künden, daß sein Kaiser ihm das Leben
Voll Gnade nun auf's Neue hat gegeben."
Da riefen hundert Stimmen aus dem Volke:
„Wir können Alle freudig Zeugniß geben,
Mir gab sie Nahrung, Rath mir, neues Leben,
Ja Allen war sie Retterin in Noth!"
So zeugte laut das Volk für Jetta's Tugend.
Die Richter stunden auf; der Kaiser sprach,
Nachdem er kurz mit Allen sich berathen:
„Wenn alle Welt so tadellos und rein

Wie Du, so würde schon das irb'sche Leben
Ein himmlisches voll reiner Engel sein;
Dann würd' es nimmermehr Verläumder geben.
Geh', ziehe hin, sei glücklich schon hienieden
Und Dich geleite Gottes heil'ger Frieden!
Doch Dir, Ulkbar, was sei denn Deine Strafe,
Daß Du die tugendhafte Frau geläftert?
Jetta bestimme sie, die er geschmäht!"
Doch Jetta rief und warf den Handschuh hin:
„Hier ist mein Handschuh, hier! wer zweifelt sonst
An meiner Unschuld noch, der heb' ihn auf,
Anthysus wird, mein edler Gatte kämpfen,
Er ist nun frei und kann sein Weib beschützen!" —
So schnaubt der Wüste grimmige Hyäne,
Wenn ihr das schon ergriff'ne Lamm entflieht,
So fletscht die scheußliche ergrimmt die Zähne,
Wenn man der wüthenden die Beut' entzieht,
Wie Ulkbar jetzt, sich selbsten nicht mehr Meister,
Im Busen nur der Rache wilde Geister;
Voll Grimm trat er auf Jetta's Handschuh hin
Und schrie: „Ich weiß, der Teufel spricht aus ihr,
Der Handschuh ist behext, der Klerus hier,
Sie Alle sind's, ich selbsten bin es schier,
Und was sie sagt, ist Teufelsheuchelei!
Was, mich, der Franken Fürsten, will man strafen,
Und sie zieht frei zu ihrem Buhlen hin?
Verflucht sei Sie und Er, den sie erkoren,
Verflucht sei ich und wen ein Weib geboren!"
Mit diesen Worten schwang er sich zu Rosse
Und stürmte fort mit der Gefährten Trosse.
Und Jetta hob den Handschuh wieder auf;
Der Kaiser aber rief von Zorn empört:
„Schnell eilt dem Frechen nach und werfet ihn
In Ketten, denn man muß den Buben lehren,
Die Majestät und ihre Räth' zu ehren!" —
„O Herr!" sprach Jetta, „laßt ihn weiter ziehen,

Die Strafe stellet immer Gott anheim,
Sie wird ihn bälder, als man glaubet, finden.
Auch mir sind bitt're Schmerzen schon hienieden
Auf meinem Lebenswege noch beschieden,
Denn bald wird mich ein grasser Tod erfassen,
Doch ist auch mein Gebein zur Asche längst
Verfallen, doch man wird noch immer fort
Jahrtausend meinen Namen trauernd nennen
Und meinen Bühl und Todesquell noch kennen."
Der Kaiser sprach, die Hand ihr liebreich reichend:
„Wohlan, es sei wie Du gewünscht; doch gehe
Zu meiner Hildegard, dort ruhe aus,
Dann ziehe nur in Gottesnamen heim
Mit Deinem Knäblein in des Gatten Arm.
Ein tapfrer Held soll Dein Geleiter sein!"
Da frug der Abt Rutgang: „O sag' zuvor,
Du Seherin, von meinem Gotteshaus:
Wird es gedeih'n, zu Gottes Ehr' erstarken?"
Da hob Jetta die Hand sich vor die Stirn
Und rief begeistert aus, im Seherton:
„Gern sag ich Dir, was mein Gesicht verkündet:
So lang die Priester Diener Gottes sind,
Der Seelen Heil, das Reich des Herren achten,
Den Himmel mehr als wie die Erde lieben
Und Frömmigkeit und gute Werke üben,
Doch nicht nach Reichthum, ird'schen Gütern trachten,
So lang' wird auch Dein Kloster lieblich blühen;
Doch Unheil seh' ich viel darüber ziehen,
Wenn es sich einst aus seinem frommen Leben
Zu einem Fürstenthume wird erheben,
Ja, von der Erde wird es ganz verschwinden,
Und nach Jahrtausend wird von all' der Pracht,
Die es geschmückt, der Wanderer nur finden
Die Halle dort, das And're sinkt in Nacht. [13] —
Laß' mich zu Dir, o großer Karl, nun,
Was mir von Dir der Geist verkündet, sagen

Und hör' mein Wort, was es auch kündet, an:
Du Neuerer des abendländ'schen Thrones,
Du Stifter christlichen Germanenreichs!
Die Lorbeer, die Du um Dein Haupt gewunden,
Sie werden blüh'n, so lang Geschichte lebt,
Und selbst die Zeit, die Alles doch verschlingt,
Ohnmächtig geht sie an dem Ruhm vorüber,
Der Deiner noch in spät'ster Nachwelt blüht. —
Sieh dort den Hauptast jener Königseiche,
Wie er in Pracht und Ueppigkeit erwuchs,
Doch ach, der Zeiten wechselvolle Stürme
Zertrümmerten ihn noch in Jugendkraft [14]
Und lösten ihn vom Mutterstamme ab,
Um der Verwesung ihn nun preiszugeben,
Und keine Frucht verkündet uns sein Leben:
So wird auch Deinem jungen Königsstamme
Der Sturm der Zeit den Hauptast einst zerschellen,
Doch zage nicht, mein Herr! ein and'rer Sproß
Des Stammes seh' erneut ich grünen wieder [15]
Er trotzt der Zeiten Sturm, des Schicksals Wellen,
Erhebt sich blühend aus dem Mutterschooß
Und meine Heimath zieht ihn dankbar groß.
Ich seh' auf seinen Zweigen einen Apfel blühen [16]
Und weiß' und blaue Düfte ihn umziehen;
Er welket nicht, und blühet, wie Dein Ruhm,
So lang sich wölbt des Himmels blauer Dom.
Nun lebet wohl und denket meiner Lieder,
Denn nie seht Ihr auf Erden Jetta wieder." —
Sie eilte mit dem Knaben nun von hinnen,
Verließ die Andern all' in tiefem Sinnen.

---

3. Jetta, die Prophetin.

Ein sicheres Geleit gab Kaiser Karl
Der edlen Frau noch mit, zu schützen sie

Vor Feinden und vor Wegelagerern.
Und ungefährdet langte bald der Zug
Nicht weit von Lobbenburg im Dickicht an.
Da stürzte aus der Berge finstrer Schlucht
Ein starker Trupp Bewaffneter hervor,
An ihrer Spitz' ein tief vermummter Ritter.
Der Trupp, er drängt auf das Geleit mit Schwert
Und Lanze heftig ein, indeß sein Führer
Zu Jetta sprengte und ihr Roß am Zügel
Erfaßt, umwandt, und mit der Beute zu
Entfliehen sucht in Waldesnacht; doch wie
Des Blitzes Strahl, so stürzt' der Rittersmann,
Dem Karl die Dame anvertraut, herzu
Und hieb nun mit gewalt'gen Streichen auf
Den Räuber ein, der wüthend nun sein Schwert
Mit dem des edlen Ritters kreuzte, doch
Die Dame riß den Ziegel los und preßte
Ihr Knäblein fester an die Mutter=Brust;
Da führte der Vermummte einen Hieb
Nach ihm; doch Jetta wandt' und beugte sich
Mit des Gedankens Schnelle über ihn,
Und wurde leicht am Arme nur verwundet.
In diesem Augenblick' da fuhr das Schwert
Des Ritters wie ein Pfeil nun in den Hals
Des Räubers, daß er röchelnd von dem Pferde
Herunter fiel und seine schwarze Seele
Entfloh'; als dies die Räuberrotte sah,
Entwich auch sie nun schnell im Waldesdunkel.
Der Ritter aber sprang vom Roß und rief:
„O Gott, was seh' ich, edle Frau! Ihr seid
Verwundet, denn Ihr blutet stark." Er hob
Die Dame und ihr Knäblein sanft vom Pferde,
Riß seine gelb und rothe Schärpe ab,
Verband den Arm der Frau, die lächelnd sprach:
„Es ist nur leicht, wohl aber wird mein Tod
Bald blutig sein. — Wie Gott es will, so sei's,

Sein Wille sei geheiligt fort und fort
Und seine Magd beugt sich in Demuth Ihm.
Gepriesen sei des Herren heilig Walten!
Doch Ihr, Herr Ritter, habt die Ehre mir
Und meines Kindes Leben auch erhalten;
Wie kann ich diese Ritterthat belohnen?
Wie nennt Ihr Euch, daß ich den Namen kenne,
Mit dem ich im Gebet Euch ferner nenne?
„O sprechet, eble Frau, doch nicht davon,
Erschlagen liegt der Feind zu unsern Füßen,
Dies ist des wahren Ritters größter Lohn,
Möcht' jeder Räuber so wie dieser büßen! —
Guntram den Reichen [16] nennt man mich am Hofe
Des Kaisers nur; doch ist mein größtes Gut,
Zu weihen den Bedrängten Schwert und Blut —
Doch laßt uns jetzt den Helm des Räubers lichten,
Damit die Nachwelt weiß, wen sie zu richten."
Er öffnete dem Todten nun den Helm
Und fuhr entsetzt vor dem Gesicht zurück:
„Wie, ist es möglich! Täuscht mich nicht mein Blick,
Der Franken Fürst Ulkar hat dies gethan
Und ihn erschlug Guntram der Alemann!
Ihn, dessen Väter von der Heimath trieben
Die Meinigen, ist hier durch mich geblieben!"
Doch Jetta rief: „Mag Gott ihm dort verzeihen,
Wie ich ihm hier verzeihe, laßt seiner Seele,
O ebler Ritter, ein Gebet noch weihen."
Sie sagt's, und warf sich auf die Knie nieder,
Zu beten für den abgeschied'nen Feind;
Dann brach die Schaar zur Weiterreise auf
Und bald erreichten sie den Neckarfluß
Und setzten durch die Fuhrt an's andre Ufer
Und dann hinauf den Berg, des Weges Ziel,
Hin nach der Burg, die auf dem Jettabühl.
Nach kurzer Rast der Ritter und die Schaar
Nun Abschied nahm, doch Jetta sprach

Zu Guntram hingewandt mit tiefem Ernst:
„Nehmt meinen Dank für das was Ihr gethan
Und hört, was mir mein Geist verkündet, an:
O herrlich wird einst Eu'r Geschlecht erblühen
Und seine Macht sich über Länder ziehen.
Ich sehe schwarz und gelb und gelb und roth [17]
Stets frisch erblühen durch gar manche Noth.
Seh' schwarz und gelb mit weiß und blau sich mengen
Und roth und gelb auf meinen Bühel drängen,
Seh' wilde Thiere, Leuen, Leoparden,
Der Mythe Greif und Königsadler warten
Auf Dein Geschlecht mit Scepter und mit Kronen —
Und seh' auf meinem Bühel Fürsten thronen,
Und Karl des Großen edle Enkel wohnen;
Seh' Herrlichkeit den Felsen hier bekränzen,
Paläste, Säulen, Wasserkünste glänzen,
Seh' wie der edle Leu den Ar und Leopard [18]
Bewirthet hier nach königlicher Art.
Seh' in dem Thal der Weisheit Perle glühen
Und Wissenschaft und Künste reichlich blühen.
Nun lebet wohl, Gott sei auf Euren Wegen
Und schenke Euch des Himmels reichsten Segen!" —
Der Ritter zog mit seiner Schaar von dannen,
Der Wächter schloß das Thor und Jetta ging,
Das Knäblein an der Hand, des Gatten Spur
Zu suchen, um die Freudenmähr zu künden,
Daß von dem Haupt die Acht ihm nun genommen,
Und er jetzt frei in seine Burg dürft' kommen. —

4. Der Wolffsbrunnen.

Wenn Du, o Wanderer, vom Jettabühl
Ein kleines Stündchen weiter östlich gehst,

Das Neckarthal zur linken Seite läßt,
So findest Du bald eine Bergesschlucht,
In der ein lieblich Bächlein munter rauscht,
Das sich aus dunklem Hain dem Wiesengrund
Vermählt. — Wenn Du dann weiter aufwärts steigst,
Gelangest du an Felsentrümmer, die
Wie von Giganten hergeschleudert scheinen,
Um zu erstürmen den Olymp damit.
In Mitt' des Berges war ein tiefer Schlund,
Vom Volk die Drachenhöhle nur benannt —
Noch heute nennt man diese Gegend so. —
Hierher nun trug Jetta der eil'ge Schritt,
Das Knäblein auf dem Arm, das sie umschlang
Und zärtlich mit der lieben Mutter koste.
Doch als sie in die Höhle kam und fand
Den Gatten nicht, blieb sie am Eingang stehen
Und überlegte, wo er wohl zu finden;
Da las sie, in nur ihr bekannter Schrift,
Die Wort' mit Kohle an der Felsenwand,
Von Anthysus, des theuren Gatten Hand:
„Kommst Du mein Lieb, ich bin nicht weit, nur fort
An dem Forellenbach, oder im Wald,
Zu suchen mir ein Mahl. — Ich komme bald!"
Da eilte sie von Fels zu Felsen fort,
Den Berg hinab zu dem Forellenbach. —
Er war nicht da, auch sah sie keine Spur
Vom ihm, nun setzte sie den Knaben nieder,
Indeß sie wartend auf den Gatten sich
Die heiße Stirn im kühlen Quell genetzt,
Wobei der Handschuh ihr ins Wasser fiel.
Da stürzt mit gier'ger Hast aus Waldesgrund
Sich eine Wölfin auf den Knaben hin,
Der nun mit Jammerton der Mutter rief. —
Die Löwin, der ihr Junges wird geraubt,
Stürzt wilder nicht auf seinen Räuber los
Als Jetta nach der Wölfin sprang, und riß

Den Knaben ihr behend aus offnem Rachen,
Und legt' ihn schnell hin auf das weiche Gras;
Doch daß das Unthier nicht zum zweiten Male
Das theure Kind dem Mutterherzen raube,
Umschlang sie nun das Thier mit beiden Armen,
Und flehte laut zum Himmel um Erbarmen.
Doch ach! — das Raubthier hat kein menschlich Ohr,
Zerfleischte ihr die zarten weißen Brüste,
Das Blut, das stürzte wie ein Quell hervor
Und reizte noch der Bestie wilde Lüste. —
Da sprang Anthysus aus dem Wald herbei
Und hieb mit einem Streich das Thier entzwei. —
Es war zu spät, die Gattin lag im Sterben
Und haucht' mit schwacher Stimm' die letzten Worte:
„Ich sterbe gern, denn, Theurer, Du bist frei,
Und unser Knäblein wird nun für mich leben, —
O sorge, daß es stets der Tugend treu,
Dann wird mein Geist auch beide fort umschweben."
Nun schloß die Augen sie für immer zu.
Die Welt hatt' eine schöne Seel' verloren,
Dem Himmel ward ein Engel neu geboren.

Verzweifelnd warf der Gatte sich zur Leiche
Doch keine Klage rief in's Leben sie. —
Da glänzte in des Baches blauem Spiegel
Der weiße Handschuh aus demselben auf,
Er nahm ihn zu sich, barg ihn auf dem Busen,
Und gab darauf mit feierlichem Gepränge
Der früh' geschied'nen Gattin ird'sche Hülle
Zurück der Mutter Erde in das Grab. —
Begab sich dann in eines Klosters Stille
Und suchte darin nur sein einzig Glück,
Der vielbeweinten Gattin letzten Willen
An seinem Knaben zu erfüllen;
Den Handschuh hob in Nazarius Kirche [19]

Heidelberg!

LA FONTAINE DU LOUP.   DER WOLFSBRUNNEN.   THE WOLF-SPRING.

Ueber dem Neckar er, zum Denkmal an
Das treue Weib, die gute Mutter auf,
Und baute nun der Seligen zu Ehren
Ein schönes Dorf und nannt' es Handschuhsheim;[20]
Doch jenen Ort, wo Jetta's Blut verronnen,
Nennt' man zur heutigen Stunde noch Wolfsbrunnen.[21]

Historische Erklärungen des zweiten Gesanges.

1) Die Weschnitz ist ein Flüßchen, welches aus einem romantischen Thale (das Birkenauer Thal) des Odenwaldes, bei Weinheim herauskommt und in die Rheinebene fließt; an ihm sieht man jetzt an der oben bezeichneten Stelle, zwischen Darmstadt und Mannheim, das Städtchen Lorsch.

2) Cantor, der Stifter des Klosters Lorsch, war der Sohn einer Verwandtin von König Pipin, Carl des Großen Vater, also einer der Stammväter des Salischen Geschlechtes; er und seine Mutter waren die ersten Stifter des Klosters Lorsch. Siehe Dahl's Geschichte des Fürstenthums Lorsch. Darmstadt 1812.

3) Die nach den Regeln St. Benedikts gestiftete Abtei Lorsch erlangte dadurch einen großen Ruf, daß ihr der Pabst den Leichnam des heil. Nazarius schenkte. Das Kloster war zu klein, um die herzuströmende Menge der Pilger aufzunehmen. — Nun wurde im Jahr 765 der Grundstein zu dem umfangreichen Bau einer Abtei gelegt, welche in 9 Jahren darauf, 774, vollendet und von Bischoff Lullus am 2. Sept. d. J. eingeweiht wurde.

4) Die Benennung Mönch kommt von Monos, d. h. Einer, der allein lebt, weil sich die ersten Mönche in Einöden begaben, wo sie allein lebten und in Arbeit und Gebet ihr Leben zubrachten.

5) Kaiser Carl der Große, welcher auf seiner Rückreise aus Italien in Speier angekommen war, wurde von dem Abt Rutgang zu Lorsch eingeladen, ein Zeuge der Inauguration der neuen Abtei zu sein. Vergleiche Dahl's Geschichte des Fürstenthums Lorsch.

6) Alte Geschichtsschreiber — sagt Leger in seiner Schrift über das Heidelberger Schloß — versichern, daß ein Herzog von Franken Anthysus in dieser Gegend gewesen, der seiner Gemahlin, einer Gräfin vom Kraichgau, die Jutta oder Jetta geheißen, ein

Schloß und eine Kirche erbaut haben soll; der Gräfin zu Lieb hat man dann den Hügel, auf dem das Schloß erbaut, „Jetta Bühel" genannt. (Vergl. Herisaei, Theses Palat. pag. 8.) Bühel heißt so viel im Altdeutschen als Hügel. Später wurde diese Burg die Schlierburg benannt, welche die Stammburg des im Jahre 1634 ausgestorbenen Geschlechts der Freiherrn von Schlierbach-Zelting gewesen sein soll.

7) Alkuin, Rath Carl des Großen, einer der gelehrtesten Männer seiner Zeit, welchen Kaiser Carl hochverehrte. Man besitzt von diesem gelehrten Mönch noch Manuscripte; so besaß ein Herr von Spyer in Basel eine prachtvolle große Bibel, welche von Alkuins Hand in lateinischer Sprache auf das schönste geschrieben und mit herrlichen Miniaturen versehen ist. Dieses kostbare Werk wurde um eine große Summe nach England verkauft.

8) Wer kennt nicht die schöne Sage von Eigenhard und Emma? Eigenhard war der Geheimschreiber Kaiser Carl des Großen und sein Historiograph, und wurde dessen Schwiegersohn. — Die Grafen von Erbach sollen Abkömmlinge von Eigenhard und Emma sein, und in Seligenstadt zeigt man noch die Grabstätte dieses edlen Paares.

9) „Ding halten" nannten die alten Deutschen das Gericht, welches dieselben im Freien, gewöhnlich unter einer alten Linde oder Eiche, über angeklagte Freie oder Edle hielten.

10) Die Abrinisburg befand sich auf dem heiligen Berg, auf dem rechten Ufer des Neckars; nur noch wenige Trümmer verrathen dem Forscher die Stelle, wo sie einst gestanden. Auch sie war, wie die Schlösser von Heidelberg, auf den Fundamenten römischer Castelle erbaut. Carl der Große residirte öfters hier.

11) Da die Sage von Anthisus und Jetta nicht historisch verbürgt ist, so wird man es dem Verfasser dieser Schrift verzeihen, daß er dieselbe in das 8. Jahrhundert verlegte, indessen sie nach Dr. Legers Quellen in den Beginn des 6. Jahrhunderts zurückgesetzt wird, was jedenfalls falsch ist, denn es heißt Jetta hätte in einer alten Kapelle ihre Weissagungen gehalten, da doch das Christenthum mit wenigen Ausnahmen erst nach Eroberung der Franken am Ende des 5. und im 6. Jahrhundert hier Wurzel faßte. Also konnte um diese Zeit hier noch keine alte christliche Kapelle gestanden sein.

12) Dr. Leger sagt in seinem Führer pag. 15: „Ohne Zweifel ist dieses Schloß von Anthysus auf dem Grundstein eines römischen Castells erbaut; jene Schlierburg, deren Eigenthum, eine Schenkung der Herzoge in Rheinfranken, dem Got-

teshause Lorsch unter seinem Abte Winther am Ende des 11. Jahrhunderts entrissen wurde.

13) Von jenem prachtvollen Baue der Abtei Lorsch, aus dem 8. Jahrhundert, steht wirklich nur noch die Vorhalle zur ehemaligen Klausur, welche im 17. Jahrhundert zu einer Kapelle eingeweiht wurde. Wer sich näher in der interessanten Geschichte der Abtei Lorsch unterrichten will, dem empfehlen wir das gelehrte, schon öfters erwähnte Werk Dahl's über das Fürstenthum Lorsch, Darmstadt 1812.

14) Ludwig das Kind war der letzte Sproß aus dem Hauptstamme Carls des Großen. Der arme Jüngling, dem statt der Freuden der Jugend nur der Anblick seines zerrütteten Vaterlandes zu Theil wurde, starb, noch nicht 18 Jahre alt; mit ihm erlosch das kaum hundertjährige Reich des Carolinger Hauses.

15) Es ist urkundlich gewiß, daß Kaiser Arnulf und Ludwig das Kind den Schyrenfürsten Luitpold, Herzog von Bayern, ihren theuren Anverwandten, und Ersterer sogar ihn seinen Nepoten nannte, deßhalb leiten alle Geschichtsschreiber das Geschlecht der Schyrenfürsten von dem Mannsstamme Carls des Großen ab; was in dem prophetischen Gesang Jettas oben nun gesagt wird, sind Anspielungen auf das erhabene Fürstenhaus Bayerns, dessen sämmtliche Glieder von dem eben benannten Herzog Luitpold abstammen und sich von Schyren, von Wittelsbach und dann von Bayern und der Pfalz benannten. (Siehe hierüber auch 3. Anmerkung des 1. Gesanges.) Den Apfel, welchen die Prophetin blühen sieht, sowie die weiß und blauen duftigen Wolken sind Anspielungen auf den Reichsapfel, welchen Kurfürst Friedrich II. von Kaiser Carl V. wegen seiner großen Verdienste um das deutsche Reich in sein Wappen erhielt, sowie die weiß und blauen duftigen Wolken die bayer'sche Hausfarbe andeuten.

16) Guntram den Reichen bezeichnet die Geschichte als einen allemannischen Großen, welcher Besitzungen an beiden Ufern des Oberrheins, im Breis- und Argaue hatte, und der Stammvater der hohen Fürstenhäuser Habsburgs und Badens ist.

17) Mit diesen Farben sind, wie weiter oben angedeutet, die Landesfarben Oesterreichs, Bayerns und Badens bezeichnet, und die Thiere wollen die heraldischen Wappenthiere der Fürsten von der Pfalz (Bayern), Oesterreichs und Badens, sowie der Königsadler, den jetzt Oesterreich als Hauptwappenschild angenommen, den deutschen Kaiser bezeichnen; denn die Pfalz hatte einen Löwen als Sinnbild der Stärke und des kriegerischen Muthes von den Herzogen der Franken angenommen; Oester-

reich hatte als Hauswappen einen Leoparden und als deutsches Kaiserhaus den Reichsadler, Baden den Zähringer Löwen und als Schildhalter den Greif.

18) Hierin wird angedeutet, wie die Pfälzer Fürsten öfters die deutschen Kaiser in ihrem prächtigen Schlosse auf dem Jettabühl bewirtheten.

19) Die erste Kirche Handschuhsheims war, wie die des Kloster Lorsch, dem heil. Nazarius gewidmet.

20) Handschuhsheim oder Hantscuesheim hat einen weißen Handschuh im blauen Felde zum Wappen und soll von einem fränkischen Fürsten Anthyfus erbaut sein. Siehe „Historisch-topographische Denkwürdigkeiten von Ed. Jof. Mühling, Dekan. Mannheim, bei J. Löffler, 1840."

21) Der Wolfsbrunnen, eine kleine Stunde von Heidelberg, in einer wahrhaft idyllischen Bergschlucht gelegen, wird von Einheimischen und Fremden häufig besucht und ist besonders ein Lieblingsort treuer Liebenden. — Fürsten, Künstler und Gelehrte wurden stets von der stillen Schönheit und Anmuth des Wolfsbrunnen angezogen und weihten ihm manche Musenstunden. Im 17. Jahrhundert hat diesen lieblichen Ort der Vater der deutschen Dichtkunst, Opitz, als ein in Heidelberg studierender Jüngling, in nachstehendem Gedichte besungen:

„Du edler Brunnen du, mit Ruh' und Lust umgeben,
Mit Bergen hier und da, als einer Burg umringt;
Prinz aller schönen Quell', aus welchen Wasser bringt,
Anmuthiger denn Milch, und köstlicher denn Reben;
Da unsers Landes Kron und Haupt mit seinem Leben,
Der werthen Nymph', oft selbst die lange Zeit verbringt;
Da das Geflügel ihr zu Ehren lieblich singt,
Da nur Ergötzlichkeit und keusche Wohllust schweben.
Vergeblich bist du nicht in dieses grüne Thal
Verschlossen von Gebirg und Klippen überall:
Die künstliche Natur hat darum dich umfangen
Mit Felsen und Gebüsch, auf daß man wissen soll,
Daß alle Fröhlichkeit sei Müh' und Arbeit voll,
Und daß auch nichts so schön, es sei schwer zu erlangen:"

Martin Opitz nennt man mit Recht den Vater der deutschen Dichtkunst, indem derselbe die erste Bahn derselben gebrochen. Er wurde im Jahr 1597 zu Brenzlau in Schlesien geboren und starb den 20. August 1639. Er studierte 1619 in Heidelberg, wo die Universität in großer Blüthe gestanden. Auch Lafontaine hat diesen lieblichen Ort zum Schauplatz eines seiner Romane gemacht. Siehe Richard's Wanderungen durch die Ruinen des Heidelberger Schlosses.

Dritter Gesang.

Conrad von Hohenstaufen, Pfalzgraf bei Rhein.[1]

Vom kleinen Gaisberg blickte stolz hernieder,
Von fels'ger Höhe weit in's tiefe Thal
Die feste Burg, vom Frankenherzog einst
Erbaut auf alten röm'schen Ueberresten.
Die Heidelberger Burg ward sie benannt,
Mit hohem Thurm und Mauern rings umgeben;
Und herrlich wie des kleinen Gaisbergs Krone
War sie auf seinem Scheitel anzuschauen;
Doch herrlicher noch war der Blick von ihr
Hinab zum schönen Bett des stolzen Rheins,
Der sich wie eine Silberschlange fort
In vielen Bögen durch das Thal hinzieht,
Mit Städten, Burgen, Klöstern, Wäldern, Feldern
Geschmücket immer weit und weiter krümmte;
Und fern begrenzt den Blick des Staunenden
Des Vogesus- und Hardtgebirges Spitzen,
Wie hohe Zinnen eines Riesenwalls
Zum Schutze für das prächt'ge Thal geschaffen. —
Geh' Wand'rer, such' in Deutschlands Gauen
Ein Land, das reizend so wie dies zu schauen![2]
Zwar deckten jener Zeit noch viele Wälder
Das Riesenthal, die jetzt des Landmann's Fleiß
Gefällt; noch blühten selten auch die Felder
Und brachten sparsam nur der Arbeit Preis;
Doch was giebt es Erhabner's, Schön'res nur
Als so ein Bild der göttlichen Natur?!
Auf seinem Söller hier saß Conrad nun,
Der Hohenstaufer, — der ein Herzog Schwabens,
Und nun zum mächt'gen Pfalzgrafen bei Rhein
Ernannt, von Kaiser Friedrich Barbarossa, —

Dem hohen und von ihm geliebten Bruder. —
Er schaut mit sinnend, ernsten Blicken hin
Ueber das schöne Land, das er ererbt³
Und das zum größten Theil nun ihm gehörte. —
„Ja, schön ist deine Welt, o Herr, doch schöner
Als schön ist dieser reiche Garten, den
Du mir, o Gütiger, geschenkt! Ich will,
Dir würdig, ihn mit gutem Samen bauen."
So rief er aus und hob die Hände segnend
Ueber das Volk, das seinem Wink gehorchte —
Der Seinen lieber Kreis umgab den Vater
Und bildete ein herrliches Gemälde
Von wahrer, häuslicher Glückseligkeit. —
Es giebt der Freuden viel im ird'schen Leben,
Wirft prüfend auf dasselbe man den Blick,
Doch kann es keine edler rein're geben
Als die, die ruht in dem Familienglück.
Drum laßt im Geiste in den Kreis uns treten,
Da sehen wir den Pfalzgrafen bei Rhein,
Ein kräft'ger Mann mit grau gesprengten Haaren
Und freier kühner Stirn und deutschem Sinn,
Noch an der Pforte zu den Greisenjahren,⁴
Doch blühend von Gesicht und breiter Brust.
Zu seinen Füßen saß auf einer Stufe
Ein holdes Mägdlein, zart wie Maienduft,
Und lieblich wie des Lenzes Blüthenknospe —
Mit einem Täubchen spielt das holde Kind.
Agnese war's, des Pfalzgrafs zweite Tochter,
Und neben ihr da saß die ält're Schwester,
Die fromme Kunigunde, und betete.
Und in dem Erker dort die schöne Frau,
Mit sanftem Blick und würdevollen Zügen,
Ist Irmengard, des Pfalzgrafs trautes Weib;⁵
Auf ihrem Arm den holden Säugling, der
Genährt vom Lebensborn aus Mutterbrust,
Das Aermchen lächelnd nach derselben regte.

Ein Knabe tollte wild sich in dem Saal
Und ritt auf seines Vaters mächt'gem Schwert,
Das er kaum schleifen konnt', doch statt dem Schwert
Schwang er die Gerte kühn, als wollt' zur Schlacht
Er mit des Vaters Krieger muthig zieh'n.
Vergebens wehrt der fromme Eberhard,[6]
Der Burgkaplan und Lehrer von den Kindern.
Der Vater sah bald auf das holde Bild,
Das ihm sein Hausglück gab, und bald hinaus
Auf jenes, das im Purpurglanz der Sonne
Zu seinen Füßen ihm entgegen lachte. —
O banne fest, Fortuna, an dein Haus,
Es ist ein Weib und launenhaft ihr Sinn! —
Da wandt' der Fürst sich hin zu Eberhard
Und sprach, indem er ihn zu sich beschied:
„Seht, frommer Eberhard, seht hier hinaus,
Seht diese Pracht der herrlichen Natur,
Und sagt, ist dieses da nicht Gotteshaus,
Wo jedes Blümchen kündet seine Spur?
Ihr geht mich immer an, ein Haus zu bauen
Dem Herrn. Seht hin, könnt Ihr ein schönres schauen?
Hier dieser hohe, blaue Himmelsdom
Und dieses Paradies als sein Altar. —
O dieser Bau ist herrlicher als Rom
Und Alles, was je in demselben war!
Und ich, ich sollte dünkelhaft vertrauen,
Ich könnte Gott ein schön'res Haus noch bauen?"
Und Eberhard erwiederte mit ernstem Blick:
„Nein, hoher Herr, das könnt Ihr nicht, und wenn
Ihr alle Macht der Mächtigsten auf Erden
Besitzen würdet, könnt Ihr nur nachstreben
Der ew'gen, unerforschten Gotteskraft.
Den Menschenwerken fehlt das höh're Leben,
Die Allgewalt, die sie für ewig schafft.
Der Mensch, er baut für eine Spanne Zeit,
Was Gott erschuf, ist für die Ewigkeit!

Zwar sinkt die tausendjähr'ge Eiche nieder,
Es dorrt ihr Laub und ihrer Aeste Saft;
Doch fällt ihr Kern im Schooß der Erde wieder
Und neu entsproßt sie mit verjüngter Kraft. —
Der Winter kommt, der eisige Gefährte,
Er raubt den Sammetschmuck der grünen Flur,
Doch wieder ruft der Lenz sein mächtig „Werde!"
Und neu schmückt sich der Teppich der Natur.
So geht's das ganze Reich der Schöpfung durch,
Es lebt und webet ohne Rast stets fort;
Doch unf're Werke, Herr! auch noch so groß,
Ersterben in der Zeiten dunklem Schooß;
Doch hat der Schöpfer uns den Geist gegeben,
Der Menschen über Thiere hoch erhebt,
Der denkt und schafft, durchforscht das rege Leben,
Und zu den kühnsten Thaten uns belebt;
Und diese Kraft, die in dem Menschen wohnet,
Sie ist der Hauch, den uns die Gottheit lieh;
Sie würdig anzuwenden hier im Leben,
Dies ist die Aufgab', die uns Gott gegeben.
Doch sprecht, o Herr, aus was entspringen denn
Die größten Thaten wohl der meisten Menschen?
Durchforscht sie streng und spüret ihnen nach,
Bis auf die Wurzel spüret ihnen nach,
Hier findet Ihr, ach leider nur zu oft,
Daß Bosheit, Haß und Rachsucht, Neid und Ruhmgier,
Daß Eitelkeit, daß Eigennutz und Stolz,
Daß Hochmuth und die Mißgunst und Manches
Dergleichen mehr sich um die Wurzel nur
Von diesen Thaten angesaugt, man sieht
Die Wurzel nicht und lobt die That. — Doch, Herr,
Wer seinen Werken, Lieb' zu Gott und Menschen,
Die Dankbarkeit und die Gerechtigkeit,
Die Wahrheit und die Treue unterlegt,
Der bauet Gott ein Haus schon in Gedanken
Und wird es sicherlich auch durch die That

Vollbringen. — Und ein solches Haus wird Gott,
Der Herz und Nieren prüft und die Sinnesart
Der Menschen kennt, ein Freudenopfer sein." —
Hier schwieg der Priester, doch der Pfalzgraf sprach:
„Gebt mir die Hand, o Mann vom Herzen Gottes!
Ach, wären alle Kuttenträger so,
Wie Ihr, mein frommer Eberhard, es wäre
Wohl Manches anders in der Kirch' bestellt.
Doch lassen wir das jetzt und sprechen nun
Von Anderem. — Das Kloster Schönau — dessen
Erbauer einst ein Freund von meinem Vater,
Der weise Bischof B u g o war, ein Mann
Von ächter Frömmigkeit, den ich als Knab'
Gekannt' — soll meine Asche einst bewahren.
In jenem stillen Thal', vom Waldbach nur
Durchrauscht, soll diese irb'sche Hülle ruhen. —
Sein Abt, des Stifters würdig, ist ein frommer
Und edler Hirt, ein Mann, wie ich sie liebe.
Und diesem Kloster, dem ich schon gegeben
Manch' Grundstückchen bei Birnheim, wie Ihr wißt,
Dies Kloster, frommer Eberhard, dies soll
Nach meinem Tode einst noch meiner denken.
Laßt Gegenwart und Zukunft jetzt bei Seite, —
Die Gegenwart ist eine schmale Brücke,
Die die Vergangenheit mit ihrer Schwester,
Der Zukunft, einet; wohl dem Menschenkind,
Das diese Brücke immer so zu bauen,
Und einzurichten sucht, daß es mit Ruhe
Stets rück- und vorwärts sehen kann, und es
Weder beim Einen, noch beim Anderen,
Ein Schwindel faßt und in den Abgrund stürzt.
Drum laßt von der Vergangenheit uns sprechen
Und prüfend einen Blick zurück auf sie,
Die flücht'ge Schwester, werfen; denn aus ihr
Entsteigt sehr oft das Thun der Gegenwart
Und das, was selbst die Zukunft uns noch bringt. —

Wenn längst vergangner Zeiten ich gedenke,
So fällt mir Hermann oft, mein Freund, dann ein,
Ein Wildfang war's. Sein Schwert flog aus der Scheide
Bei jeder Kleinigkeit, und oft zu spät
Bereute er die allzuschnelle Hitze.
Wir waren Waffenbrüder, treue Freunde,
Und oft verwarnte ich sein heftig Thun. —
Und als den Rhineck er erschlug, mit Trier
Und Spei'r, mit Mainz und Andern in der Fehde
Begriffen war, und all die vielen Klagen,
Vom Friedensbruch am Reichstag kamen vor,
Zu Worms, wo er als ein Verbrecher stand,
Und Friedrichs strenges Wort ihn ehrlos machte,
Zum Hundetragen ihn verdammt, da war's
Wie Nebel mir vor meinen Augen und
Noch heute weiß ich nicht, wie ich's ertrug
Und duldete, was ich nicht ändern konnte! —
Hermann von Staleck starb wohl bald darauf,
Doch ich — ich ward belehnt mit seinem Gut, —
Belehnt mit Freundesgut, mit Freundeshabe! —
Drum sprecht, o Mann, war's recht, daß ich durch jene,
Des Waffenbruders Güter mich bereicherte?
Soll diese That auf jener Brücke nicht
Beim Rückblick mir den Schwindel noch erregen?"
„Mit nichten, hoher Herr!" sprach Eberhard,
„Ihr warntet ja den Freund und er verharrte
In seiner tollen Wuth und fand sein Recht; —
Da nahm der Tod den Tiefgebeugten fort,
Belehnt ward Ihr mit herrenlosem Gut;
Hier seid Ihr rein, könnt keiner Schuld Euch klagen,
Drum müßt Ihr's Euch nun aus dem Sinne schlagen!"
„Wohl sagte dieses zu mir selbst auch ich;
Hört aber weiter", fuhr der Pfalzgraf fort:
„Doch nimmermehr wollt' ich in Staleck weilen,
Wo jeder Stein mich an den Freund gemahnt,
Und mein Gewissen weckte. Heidelberg

Erwählt ich mir zur Residenz der Pfalz
Und werd' es auch zu einer Stadt erheben,
Die an des Neckars Strand soll froh erblühn
Und meiner noch in spätsten Zeiten denken.
Ein kleines Dörfchen dürft'ger Fischer war's,
Als ich die alte Frankenburg bezog,
Die ich, ein rechtlich Gut der Meinen, erbte.
Der dritte Freund in diesem Bunde war
Heinrich der Löwe, Sachsens kühner Held;
Wiewohl die Welfen und die Gibellinen [10]
Familienfeinde waren von jeher,
Mit gegenseit'gem Hasse sich verfolgten;
Wiewohl auch unf're Ansichten vom Leben
Der Menschen gar verschieden waren stets;
So eint uns doch ein inn'ges Freundschaftsband. —
O glaubet mir, mein frommer Eberhard,
Daß, wen der Himmel reich beschenken will,
Dem giebt er einen Freund, denn Freundschaft nur
Verdoppelt den Genuß des Glückes, und
Sie theilet auch die Last des Unglücks mit.
Hört! wir gelobten uns, das Band zu stärken,
Wenn unf're Ehen einst beglücket würden
Mit lieben Kindern, Gottes reichstem Segen, —
Den alten Haß der Guelf und Gibellinen
Durch Ehebund der Kinder zu versöhnen. [11]
Das Kleeblatt ist zerrissen, Hermann's Tod
Und Heinrich's Mißgeschick und meine Schwäche
Hat es getrennt. — Mein großer Bruder, voll
Des alten Hasses zu dem Welfenstamm,
Mißtrauend dessen Macht, verfolgte ihn
Und warf auf mich, den Freund, den Mittler stets
Den kaiserlichen Zorn. — Vergebens sucht'
Beim Reichstage zu Speier mein Freund, der Abt
Von Lorsch, den brüderlichen Streit zu heben; [12]
Er grollte fort und fort, daß sieben Jahre
Wir feindlich uns getrennt, wiewohl ich immer

Bei den Reichstagen nur auf seiner Seite
Stets treu und brüderlich gestanden bin,
Nie fehlte, wo es galt, sein Recht zu schützen,
Als Feldherr seine Schlachten kämpfte und
Geleiter ihm in Römerzügen war.¹³
Was half's? Sein Haß verfolgte mich, bis ich
Vom Freunde wich, die alte Freundschaft brach
Mit Heinrich. — Friedrichs Haß vermehrte sich,
Als Jener ihm den Zug nach Rom versagte;¹⁴
Doch söhnte er mit mir sich wieder aus.
Seitdem sah selten ich den Löwen und,
Geschah es auch, mußt ich ihm feindlich nah'n; —
So zwischen Freund und Bruder stand ich stets.
Dies, Eberhard, dies nagte mir am Herzen
Und machte mir manch kummervolle Nacht.
In schwerer Acht des Reich's ist Heinrich nun¹⁵
Und lebt als Flüchtling seinen Landen fern,
Verbannt mit Weib und Kind auf fremder Erde.
Bei Gott, ich liebe Friedrich, denn er ist
Ein großer Mann, mein Kaiser und mein Bruder;
Doch seine Kämpfe auf Italiens Fluren, —
Wo jeden Kampf und jeden Sieg die List
Der Päbste untergrub, — die hasse ich,¹⁶
Weil sie des edlen deutschen Blut's gar viel
So nutzlos uns gekostet — nun der Lohn? —
Die Lorbeer'n dieses langen Kampfes sind? —
Der Frieden, der in Konstanz ist geschlossen,
Der Alles wieder läßt als wie es war! —
Es wär zum Lachen, wenn es nicht so schrecklich,
Wenn nicht so viel des deutschen Blut's geflossen,
Für nichts und wieder nichts geflossen wär. —
Fort, fort mit diesem Gaukelspiel, ich werde
Von Sinnen, denk' ich recht darüber nach!" —
„Ich bin ein Mann des Friedens, hoher Herr,
Und freue mich der Segenspalme stets,
Wo sie auch Wurzel faßt. — Wer hieß den Friedrich,

Den Deutschen König, Euren Bruder, fort
Den Krieg nach jenen Blumenfluren bringen?
Was thaten ihm die Longobarden denn, ¹⁷
Daß er ihr Land so blutig mußte büngen?
Des deutschen Reiches Einheit fest zu gründen, —
Um daß nicht jeder Einzelne sein Spiel
Mit treibt, und suchet nur für sich zu finden
Sein volles Nest, dies war das höh're Ziel!" —
So sprach der Priester nun zu dem Pfalzgrafen,
Worauf der Letz're schnell erwiederte:
„Ja, ja, Ihr habt wohl recht, doch Anders ständ's,
Wär' nicht der Pfaffen Trug! — Ich nehme Euch ¹⁸
Und viele And're aus, die ich verehre; —
Doch seht! was kommt den Römerweg herauf?
Ein Trupp von Reisigen, die Maulthier' führen
Am Zaume, worauf behaglich Mönche sitzen,
Indeß die Reisigen und Thiere keuchen. —
Ja, 's ist ein steiler Weg herauf, beinah
So steil wie in das Himmelreich. — Doch Diese,
Die wissens immer klüglich einzurichten,
Das ohne zu viel Last sie doch zum Ziele
Der Reise kommen; — doch was nach der Reise?
Was dann? Hier ja, ja hier, da pflegen sie
Die Bäuche sich; — doch, dort in jenem Land,
Von dem kein Reisender zurück gekommen,
Wie geht es ihnen da, mein Eberhard?"
„Bedenkt", sprach dieser, „daß es Diener sind
Des Herrn, gesalbte Priester, ehret sie
Als diese, wenn sie auch als Menschen oft
Der irb'schen Schwächen noch gar manche tragen.
Wir All' sind Menschen und an unsrer Sohle
Da klebt, trotz Buße, Grundsatz und Kasteiung,
Des Menschlichen gar viel. — Wir sehen oft
Des Bruders Splitter; doch den eignen Balken,
Den seh'n wir nicht! Doch, Herr, in ihrer Mitte
Da reitet auch ein ritterlicher Jüngling!"

„Ich seh's. — Doch sprecht zuvor, Hochwürdiger,
Wenn einstens nun der Böse solche Diener,
An deren Sohl' des Menschlichen zu viel geklebt,
Sich holt, nimmt den Gesalbten er nicht auch?"
Erwieberte mit Ironie der Pfalzgraf. —
Da blies der Thurmwart lustig in das Horn
Und kündete die Ankunft fremder Gäste,
Indessen Irmengard sich mit den Kindern
Und ihren Edelfrauen schnell entfernte.
Und bald darauf trat auch der fromme Abt
Des Augustinerklosters mit Gefolge [19]
Herein, verbeugte sich und sprach die Worte:
„Gelobt sei Jesus Christ!" „In Ewigkeit!"
Nun sagt' der Pfalzgraf, doch dann fuhr der Abt
Zu sprechen fort: „Der Fürstbischof von Würzburg
Entbietet Euch der Kirche heil'gen Segen
Und sendet nun durch mich dies Schreiben, Herr!
Auch hab' ich den Befehl, Euch diesen Jüngling hier
Selbst vorzustellen, was ich auch vollbring'."
Mit diesen Worten führt er vor denselben,
Dieser verbeugte sich bescheiden vor
Dem Pfalzgrafen und legt die Hand auf's Herz,
Und deutete, wie bittend, auf das Schreiben. —
Der Fürst erwiberte mit leichtem Gruß:
„Seid mir willkommen, Hochwürdige Väter!
Auch Du mein Junge — ohne Dich zu kennen,
Sag ich Willkomm zu Dir auf meiner Pfalz.
Der liebe Gott hat eine Schrift geschrieben
In Dein Gesicht, die Gutes mir erzählt;
Doch das Geschreibsel hier kann ich nicht deuten,
Mein Schwert ist meine Feder und mein Wort
Gilt mehr als tausend Unterschriften wohl. —
Doch Eberhard, lies mir den Brief, daß ich
Erfahre, was der fromme Bischof wünscht."
Und Eberhard erbrach das Siegel, las:
„An Conradus von Hohenstaufen, dem

Herzog von Schwaben, Pfalzgrafen bei Rhein,
Dem vielgeliebten Sohn der heil'gen Kirche!
Und Unsern lieben und getreuen Vetter!
Nehmt Unsern Gruß nnd apostol'schen Segen
Zuvor. — Ein Jüngling von erlauchtem Haus
Und reinen Sitten, frommer Sinnesart,
Der nicht durch seines Namens Klange, sondern
Durch Thaten sich bei Euch die Spor'n verdienen,
Das Ritterthum erwerben möcht', that ein
Gelübd', zu diesem Zwecke Stand und Namen,
Bis er's erworben, zu verbergen noch.
Ich bürg' für seine hohe, edle Abkunft
Und für die Reinheit seiner Absicht, und
Erbitt' von Euch die Gnad', als Edelknappen
Zu nehmen ihn an Eurem Hofhalt auf.
Ich übergeb' ihn, Euch und Euern Lieben,
Dem Schutze Gottes und der heil'gen Jungfrau,
Des Himmels und der Heiligen! Gerhardus,
Des Herrn Knecht und Fürst=Bischof von Würzburg.
Am heil'gen Auffahrtstage, als man zählt
Nach der Geburt des Herrn Jesu Christ
Ein tausend und ein hundert vier und achtzig." —
Als diesen Brief der Burgkaplan gelesen,
Reicht' Conrad nun dem Jüngling seine Hand
Und sprach: „Sei nochmals mir willkommen hier,
Gern nehm ich Dich, mein wackrer Junge, auf. —
Zwar lieben mich die meisten Pfaffen wenig, [20]
Doch ist, der Dich empfiehlt, ein ebler Bürge,
Der gute Ohm von meinem lieben Weibe, [21]
Der auch nur Ebles kann empfehlen. Sei
Fortan ein Glied von meinem Haus, ein Führer
Von meinen Knaben einst, und wenn ihr Vater
In seiner Heimath ist, sei noch ihr Freund!
Es zeugt von einem guten Geist, der Dich
Beseelt, daß Du Dir selbst und Deiner Kraft
Und nicht dem Namensklang der Vetterschaft

Der Zukunft Loos verdanken willst; ich liebe
Solch männlich edles Selbstvertrauen, denn
Ein Glückskind der, dem Zufall der Geburt
Schon an der Wiege lacht, der edle Ahnen
Geschmückt mit Ruhm zu seinen Vätern zählt.
Er strebe ihnen nach, um wie sie waren
Zu werden selbst, das sei sein eif'rig Ziel,
Ihm ring' er nach durch Dornen und Gefahren
Und keine Müh' sei ihm zu groß, zu viel;
Dann wird ihm auch des Ruhmes schönster Preis,
Er pflückt sich selbst dann seinen Lorbeerreis.
Bald kannst Du in den Reihen meiner Krieger
Die jugendliche Stirn Dir mit dem Lorbeer
Des Ruhmes und der Ehre reich bekränzen.
Glück auf, mein Jung! Gelegenheit ist da,
Ob Du im Sammt oder im Zwillch geboren,
Zu zeigen, daß zu Höh'rem Du erkoren!
Doch jedes Ding muß seinen Namen haben;
Drum sag', mein Jung, sag an, wie nenn ich Dich?"
Und dieser sprach und beugte nun sein Knie:
„Zuvor, o hoher Herr, nehmt meinen Dank,
Den herzlichsten, daß Ihr so gütig mich,
So huldvoll, habt bei Euch nun aufgenommen.
Was Dankbarkeit, was Treue und Verehrung
Nur immer leisten kann, das werd' ich thun,
Dafür steh' ich mit meinem Leben ein.
Ich heiße Heinrich, Heinrich Wolf, so nennt
Fortan mich, hoher Herr; bis mein Gelübb'
Erfüllt, so lang gelob' Gehorsam ich
Und jeden Wink von meinem hohen Herrn
Auf's pünktlichste stets zu erfüllen, das
Sei nun fortan mein eifrigstes Bestreben,
Ihm weih' ich mich, ihm widme ich mein Leben!"
„Schon gut, mein Jung'! ich glaube Dir, doch gehe
Du nun mit Vater Eberhard, er wird
Dir Deine Kammer zeigen, die Du mit

Dem jungen Friedrich, meinem Sohne, theilst. —
Ihr, fromme Väter, kommt, Ihr werdet müde
Von Eurem Ritt' den Berg herauf wohl sein,
Drum lasset uns nun fort zum Imbiß eilen
Und dort beim Mahl und Rebensaft verweilen." —

Historische Erklärungen des dritten Gesanges.

1) Der Verfasser dieses Werkchens hat es versucht, in dem obigen dritten und den drei nachfolgenden Gesängen nach den ihm bekannten historischen Quellen ein Characterbild Conrad's von Hohenstaufen zu entwerfen. Nach den Thatsachen der Geschichte dieses ersten Pfalzgrafen bei Rhein zu Heidelberg hat der Dichter auch sein Bild gemalt und giebt deßhalb bei vielen Aeußerungen des Pfalzgrafen die historischen Quellen, nach denen er arbeitete, gewissenhaft an. Daß diese nicht zahlreich sind, bemerkt auch Professor Häusser in seiner Geschichte der rheinischen Pfalz I. pag. 59: „Die Magerkeit", sagt derselbe, „der Chroniken einer Zeit, wo man unendlich Großes that, aber sehr wenig schrieb, läßt uns leider über Wesen und Character dieses ersten Gründers der Pfalz und ihrer Hauptstadt nur stückweise urtheilen."

2) Wir glauben nicht zu viel zu sagen, wenn wir das vom Rheinstrom bewässerte Thal vom Jura bei Basel, bis hinab nach Bingen, und in seiner Breite von den Vogesen und dem Hardtgebirge bis zum Schwarz- und Odenwald eines der schönsten, wo nicht das schönste Land der deutschen Erde nennen.

3) Im Jahr 1156 folgte Conrad von Hohenstaufen Hermann von Staleck in der durch dessen Abgang entledigten Pfalzgrafschaft am Rhein nach, welche ihm zwar schon 1155 von seinem Bruder, Kaiser Friedrich I., dem Rothbart, den 18. Christmonat auf der Reichsburg Driefels, im Hardtgebirge, verliehen wurde, wodurch er der erste nach dem Kaiser, und der angesehenste weltliche Reichsfürst wurde — Doch schon vor dieser Belehnung bewohnte Conrad von Hohenstaufen die Burg Heidelberg, denn er hatte sie mit der dazu gehörigen Grafschaft „auf dem Stahlbühel", — welche die oberherrliche Gewalt im ehemaligen Rheinfränkischen Lobbengau hatte, dessen Hauptort das heutige Ladenburg ist, — von seinem Vater

Herzog Friedrich II. dem Einäugigen, im Jahr 1147 ererbt; dieser hatte sie von seiner Mutter Agnes, der Tochter Kaiser Heinrich IV. erhalten. Vergl. Dr. Häusser, Geschichte der Rheinpfalz.

4) Conrad wurde geboren 1126, war also bei obiger Scene 58 Jahre alt.

5) Irmengard, Gemahlin Conrad's, war eine Tochter Poppo's, Grafen von Henneberg, — durch seine Frau kam an Conrad auch die Vogtei über die Abtei Lorsch, bisher ein Hennebergisches Besitzthum.

6) Dr. Leger erzählt in seinem Führer: „Seinen Söhnen gab er einen frommen Jüngling, den heil'gen Eberhard von Staleck, Sohn seines Burgmannes zu Staleck, zum Erzieher."

7) Der Bischof von Worms, Burkhard III., der auch Bugo genannt und aus dem alten Geschlechte der Ritter von Ahorn stammte, war ein Mann, groß an Tugenden neben den andern Kirchenfürsten seiner Zeit; dieser sah das einsame Wiesenthal in dem rauhen Waldgebirge und den klaren Bach (Steinach), der durch den stillen Grund schlich, ein Grundstück seiner Kirche zu Worms und leer von Menschenwohnungen. In der Seele des Welt satten Mannes stieg der Gedanke auf: „Wir haben hier keine bleibende Stätte, sehnen uns nach dem Vaterlande, wo Friede und Freude ohne Ende ist. Schön ist hier der Aufenthalt für friedsame Seelen, die nach Abgezogenheit seufzen! Ich will ihnen eine Wohnung bauen, und bei ihnen ruhen, wenn mein Tagewerk vollendet ist." Bugo führte den Gedanken aus. Begeistert von seinem Glauben, überwindet er mit Leichtigkeit alle Hindernisse, die ihm entgegen stehen, er macht das Grundstück von aller weltlichen Macht frei, beginnt im Jahr 1135 den Bau und giebt ihm den Namen, welchen der erste Anblick der Gegend ihm zugeflüstert hatte, „Schöne Au." Im Jahr 1141 stand Kirche, Kapitelhaus, Abtei und Wohnung der Mönche prächtig vollendet da. Die Stiftungsurkunde wurde in diesem Jahre zu Worms ausgefertigt, und enthielt fast wörtlich alle die oben ausgesprochenen Gedanken. Das Kloster war nach der Cisterzienserregel des Benedictiner Ordens eingerichtet. — Nicht lange nach der Stiftung 1149 nahm Schönau die Gebeine seines edlen Stifters auf. Jetzt ist das Kloster niedergerissen, und über seinen mächtigen Gewölben stehen ärmliche Bauernhütten. Die stolzen Fürstengrüfte sind nun Keller armer Bäuerlein. Doch hier und da sieht man in diesen Gewölben noch halbvermoderte Grabsteine liegen. — Nichts steht mehr von den weitläufigen Gebäulichkeiten ganz erhalten, als das ehemalige Ka-

pitelhaus, welches im reinsten byzatninischen Style aufgeführt und jetzt die evangelische Kirche Schönau's ist.

> Einmal möcht' ich noch seh'n dieses Gebäudes Pracht,
> Fromme Bilder bedeckt einmal die Wände noch!
> Hebt euch, hohe Altäre!
> Füll dich, herrliche Sacristei!
> Strebe auf zum Gewölbe, prächtiger Hochaltar!
> Glänze, gold'ne Monstranz, Sänger bereitet Euch,
> Preis't in feurigen Tönen
> Ernsten, heil'gen Martertod;
> Orgel, schließe dich auf, stimme die Hymne an!
> Weht in heiligem Zug, Fahnen! Ihr Kreuze weht!
> Denn vergangene Pracht blitzt
> Durch die niedere Gegenwart . . . .
> Schöner, eitler Traum, der die Vergangenheit
> Malt, deß sehnender Schmerz nur sich im Herzen mehrt,
> Warum entweichst du von mir,
> Läßt alleine mich Weinenden?

8) 1165 erhielt die Abtei Schönau von Conrad von Hohenstaufen Grundstücke bei Birnheim. Siehe das Diplomat Schoenaugiense (bei Gudenus Syltogeveter Diplomat.) pag. 19, 35, 38.

9) Der rheinische Pfalzgraf Hermann von Staleck, ein Graf aus Frankonien, wurde wegen Streitsucht von Kaiser Friedrich's kräftiger Hand beim Reichstage zu Worms 1155 zur entehrenden Strafe des Hundetragens verurtheilt. Das Gesetz oder vielmehr das alte Herkommen bei den Schwaben und Franken gebot: Störer des Landfriedens oder die auf unredliche Weise, besonders in Abwesenheit des Reichs-Oberhaupts, Fehde begannen, sollen, wenn sie höheren Standes sind, einen Hund, bloße Dienstmänner aber einen Sattel, aus einer Grafschaft in die andere tragen. Zuweilen folgte auf diese Beschimpfung noch die Todesstrafe. — Auch ein Graf von Leiningen, Gottfried Graf von Sponheim, Heinrich von Katzenellenbogen, Konrad Graf von Kirchberg, Konrad Graf von Diedesheim und a. m. waren Genossen jener Strafe des unglücklichen Hermann von Staleck. Vergl. Dr. Häusser Geschichte der Rheinpfalz I. pg. 48.

10) Die Sage des Ursprunges der Welfen ist nach der Geschichte Friedrich I von Hohenstaufen von Professor Kortüm, pag. 4, folgende: In den Tagen, als Etzel, der Hunnenkönig, alle Lande vom Aufgang bis zum Niedergang mit den Schrecken seines Namens erfüllte, zog Eticho, aus einem edlen Geschlechte Süddeutschlands entsprossen, an die waldbedeckten Ufer des Bodensees, und erbaute auf einer mäßigen Anhöhe die Veste Altorf, bald Mittelpunkt weitläuftiger und reicher Besitzungen. Denn Etichos Nachkommen leuchteten hervor, nicht

minder durch Klugheit als Waffenruhm, also, daß Kaiser Karl der Große um das Jahr 778 Ruthard und Warin, die Grafen von Altorf, zu Kammerboten oder Verwesern des aufgelösten Herzogthums Schwaben ernannte. Warin's Sohn und Nachfolger war Isenbard, ein sehr kriegslustiger Held, welcher, wenn das Waffengeräusch schwieg, durch die Jagd das unruhige Gemüth zu stillen pflegte. Als er einst diesem Lieblingsvergnügen folgte, geschah es, daß seine Gemahlin Irmentrud, Schwester der überaus schönen Kaiserin Hildegarde, das Schloß Altorf mit einem zahlreichen Gefolge verließ, um in der reizenden Nachbarschaft zu lustwandeln. Da nun warf sich eine arme Frau aus Altorf der Gräfin zu Füßen, und flehte um ein Almosen für sich und ihre drei Kinder, welche vor etlichen Wochen geboren, ohne mildthätige Unterstützung aber sterben müßten. Irmentrud wurde zornig und sprach: „Weg von hier, unverschämte Lügnerin! Wie kann ein Weib, ohne mehreren Männern zu dienen, drei Kinder auf einmal gebähren? Entweder redest Du unwahr, oder Du bist eine Ehebrecherin." Die Frau, durch so harte Rede erbittert, hob die Hände gen Himmel, und bat, daß die ungläubige Herrin binnen Kurzem so viel Knaben an's Licht bringen möchte, als Monden im Jahre wären. Das Gebet der beleidigten Unschuld fand Erfüllung: Irmentrud wurde zur Zeit, als ihr Gemahl am Hofe Karl des Großen weilte, Mutter von zwölf überaus gesunden Kindern. Erbittert durch das wunderbare Ereigniß, und der Worte, so sie vor einem Jahre gesprochen hatte, eingedenk, beschloß die Gräfin, den kräftigsten der Knaben aufzubewahren, die eilf anderen aber in den benachbarten Schussen zu werfen. Schon wollte eine treue Dienerin den grausamen Befehl vollziehen, als Isenbard, durch plötzliche Sehnsucht nach der Heimath getrieben, am Ufer des obengenannten Flusses erschien, und die bestürzte Magd fragte, was der verhüllte Korb enthalte. Jene antwortete mit ängstlicher Stimme: „Welfen (d. h. junge Hunde), gestrenger Herr; die soll ich auf der Gräfin Befehl in dem Schussen ertränken!" Diese Worte vermehrten Isenbard's Argwohn: er gebot, den Korb zu enthüllen. Da erblaßte die Dirne, fiel dem Herrn zu Füßen, bekannte ihre Missethat, und zog, da jener den Befehl wiederholte, das Leintuch ab. Als Isenbard die starken Knaben erblickte, sahe er das Zeichen Gottes, dankte ihm und sprach: „Schweige von Allem, was hier vorgefallen ist, und melde Deiner Herrin es sei geschehen, wie sie geboten habe! Sobald ein anderes Wort über Deine Lippen kommt, soll derselbe Fluß, in welchem Du mein edles Geschlecht vernichten

wolltest, Dein Grab werden!" — Darauf eilte er zu einem
vertrauten Müller, welcher tief im Walde wohnte und bat, für
die eilf Kinder, deren Abkunft Niemand wisse, mit väterlicher
Liebe zu sorgen; der Dienst würde reichlichen Lohn erhalten.
Freudig gehorchte der Mann, und pflegte des anvertrauten Unter=
pfandes. — Als nun das siebende Jahr begann, ließ Isenbard
die Knaben köstlich kleiden und in die Burg Altorf führen, wo
sich viele Ritter versammelt hatten, des Grafen Geburtstag zu
feiern. Kaum erblickte Irmentrud die schönen Kinder, als sie
im Bewußtsein der großen Schuld dem Gemahl zu Füßen fiel,
und unter vielen Thränen um Verzeihung flehete. Er aber
sprach: „Stehe auf, Weib, und preise Gott, der so gnädig
unser Geschlecht beschirmte. Von dieser Stunde an soll zum
ewigen Gedächtniß derjenige unserer Söhne, welchen Du dem
Tode entziehen wolltest, Welf heißen, und die wunderbare That
auf die Nachwelt bringen." — Das erste Mal als der Schlachten=
ruf „Hie Welf!" „Hie Gibellinen!" im Kampfe angewendet
wurde, war in der Schlacht von Weinsberg. (Vergl. Mas-
cov. Commentarii de rebus imperii sub Conrado III. I 3.
c. 13.) Diese Schlacht beschreibt ein Historiker wie folgt:
Um die Stadt Weinsberg, ein Stammgut der Welfen, zu
entsetzen, eilte Herzog Welf — nachher der Löwe benannt —
mit den Grafen von Dachau und Baley, in dieselbe, denn
der König Conrad, der erste deutsche König aus dem Ge=
schlechte der Hohenstaufen, lagerte sammt seinem Bruder Fried=
rich*) und vielen angesehenen Lehnleuten vor den Mauern jener
Veste, so am Fuße eines weinreichen Berges, in der Nähe eines
fruchtbaren Thales liegt. (Vergl. Pfister 2. Thl. S. 190.)
Unter der Veste ist hier die Stadt verstanden, indem die Burg
selbst auf dem Berge, der der Stadt den Namen gab, liegt. —
Am 21. Christmonat 1140 breitete sich Welf's Schlachtordnung
im Angesicht der Königlichen aus, und stürzte mit dem Rufe:
„Hie Welf" in den Streit. Da wurde viel Blut vergossen;
denn die Königlichen, durch den Schlachtruf: „Hie Gibellinen,"
und Conrad's Tapferkeit entflammt, ruheten nicht eher, als bis
die Welfen nach hartem Verlust die Flucht ergriffen. — Die
Besatzunng, als sie die Welfen davon eilen sah, ergab sich
dem König, der aus Milde den Weibern vergönnte, so viel
als die Schultern tragen konnten, mit sich zu nehmen. Und
dieweil die Bürger in der Noth ihre Stadt so männlich geschirmt
hatten, gedachten die Weiber, solches zu lohnen, nahmen ihre

---

*) König Conrad war der Oheim Friedrich I.

Männer auf den Rücken, und trugen sie mit großer Bemühung von hinnen. Als dieses der Herzog Friedrich sahe, wurde er unwirsch und sprach: „Die von Weinsberg halten den Vertrag nicht." Der König aber, welcher der Weiber Treuherzigkeit erwog, vergoß Thränen der Rührung ob der schönen Tragfahrt, und antwortete seinem Bruder: „Was ein König zusagt, muß steif und streng gehalten werden." Also durften die Frauen mit ihren Ehegemahlen von hinnen ziehen. (Vergl. Chronic Pantaleon, b. Eccard, scriptores rerum G. S. 931, Lehmann S. 435.) Von der Zeit an ist die Treue der Weiber von Weinsberg zum Sprüchwort, und der Name Welf und Weiblingen ein gefährlicher Parteiname geworden, der den unbestimmten Ursachen des Streits zuerst gewisse Haltung gegeben hat. Dies zeigte sich in den nächsten Folgen der Weinsberger Schlacht, denn während Conrad nach dem Tode Leopold's (1141) das Herzogthum Bayern seinem zweiten Stiefbruder Heinrich gab, und ihm Gertrand, des verstorbenen sächsischen Herzogs Wittwe, aus Klugheit vermählte, setzte Welf VI. die Fehde mit ungeschwächtem Groll fort, und nahm theils von Bela, König von Ungarn, theils von Roger, der Normannen Oberhaupt, öffentlich Unterstützungen. So überschritt der Streit zwischen zwei Häusern Süd-Deutschlands die heimischen Grenzen, und zog weit entfernte Völker in die Kriegsflamme hinein.

11) Dr. Häusser erzählt hierüber in seiner Geschichte der Pfalz: „Schon im Kindesalter waren Heinrich (ein Sohn Heinrich des Löwen, welcher später in diesem Gesange auftreten wird) und Agnes (Tochter Conrads) einander bestimmt worden, den Bund der Versöhnung zwischen Welfen und Hohenstaufen noch enger zu knüpfen; aber die Welfen waren gestürzt und das Mißgeschick des gefallenen Löwen, der jetzt mit seiner Familie in der Verbannung lebte, der schwere Zorn des Kaisers, der auf dem Hause lag, hatte die zu einem Bunde der Liebe Bestimmten feindselig von einander gerissen."

12) Der oben benannte Historiker erzählt weiter in dem bezeichneten Werke I, pag. 36: „Kurz nach der siegreichen Beendigung des Römerzugs 1161 ist Conrad feindselig gespannt mit dem Kaiser und es wurden Vorschläge gemacht, die beiden Fürsten mit einander zu versöhnen; namentlich wird die Mitwirkung des Abts Heinrich von Lorsch, der ein Freund des Pfalzgrafen war, in Anspruch genommen; allein es gelang ihm nicht." — Weiter sagt der gleiche Historiker: „Noch im Laufe d. J. 1168 fand indessen der Zwist sein Ende und Conrad

erscheint (Juli) auf dem Reichstage als des Kaisers Freund, und auf Friedrich's Versammlungen fehlte nie sein Name."

13) Bei der Belagerung von Mailand führte Conrad einen Theil des Heeres.

14) Herzog Heinrich der Löwe hatte früher viele Verdienste um Friedrich I. und um das deutsche Reich, doch wurde er mißtrauisch und als der Kaiser ihn nach Chiavenna berief, erschien er zwar, doch versagte er dem Kaiser den Mitzug bei der vierten Heerfahrt nach Italien, wiewohl der Kaiser unter Anderm sagte: „Gedenket, daß wir niemals Eurem Begehren etwas versagten, daß wir stets bereit waren, Eure Ehre zu fördern, daß wir Euren Feinden immerdar grollten, und keines Widersachers Uebermuth duldeten!" Heinrich schwieg; der Kaiser fuhr fort: „Und daß ich kein Wort rede vom Eid, den ihr dem Reiche geschworen, so gedenket unserer Blutsfreundschaft und ziehet in gegenwärtiger Noth zu Hülfe Eurem Oheim, Kaiser und Freund, der Euch stets geliebt hat, und stets lieben wird! (Helmold Chron. Slav. pag. 66 et Reineccius.) Der Herzog nahm nach kurzem Schweigen das Wort, wiederholte die schon angeführten Reden, bezeugte seine Bereitwilligkeit, mit Geld, Gut und Leuten zu dienen; doch der kranke Leib verbiete neue Beschwerden. Darob wurde Friedrich tief bewegt, und stürzte, als wollte er den alten Rachegeist beschwören, dem Welfen zu Füßen. Zwar hob dieser in sichtbarer Verwirrung und seiner Zunge kaum mächtig, den knieenden Kaiser empor, aber verharrte in der ausgesprochenen Meinung und verweigerte seinen persönlichen Beitritt zum Römerzug. — Inzwischen soll die Kaiserin Beatrix, so zugegen gewesen, ausgerufen haben: „Herr, gedenke dieses Fußfalles! Und Du Gott vergiß ihn nicht." Kortüm in seiner Geschichte Kaiser Friedrich I. von Hohenstaufen, pag. 176.

15) Im Jahr 1180 bestätigte der Kaiser das schon längst gefällte Urtheil, und Heinrich der Löwe, Herzog v. Sachsen, fiel in die Reichsacht, deren Vollziehung Friedrich den Fürsten übertrug. (Siehe Friedr. Kortüm Geschichte Friedrich I. von Hohenstaufen. Arau.) Dieser Spruch hat einen großen Theil Deutschlands umgestaltet, und durch den Sturz des Welfischen Hauses wieder kleineren Herrschaften Ursprung gegeben. — In Linneburg wurden alle Mittel versucht, den Zorn des Kaisers zu stillen; Friedrich blieb unerbittlich, und bewilligte am Ende der Unterhandlung nichts, als daß der gerichtete Herzog zu Quedlinburg vor der Fürsten-Versammlung erscheinen und hier sein Urtheil in Ruhe erwarten sollte. Da aber auf dem

Tage zu Quedlinburg nichts Gewisses entschieden wurde, so erfolgte eine zweite Ladung nach Erfurt. Heinrich der Löwe gehorchte, ergab sich auf Gnade und Ungnade, und fiel — als sollte das Andenken an Chiavenna erneuert werden — in voller Fürstenversammlung dem Kaiser zu Füßen. Verschiedene Empfindungen durchflogen desselben Brust; er sah den Freund der Jugend, den Genossen so mancher Waffenthat, aber auch den trotzigen Verächter der Reichsordnungen in dem nun heimath- und freudenlosen Heinrich. Dieser Anblick erschütterte; selbst die Feinde des geachteten Fürsten schwiegen und dachten an den Wechsel der menschlichen Dinge. Da hob der Kaiser den knieenden Herzog auf, küßte ihn unter vielen Thränen, und verhieß zu thun, was Gerechtigkeit und Freundschaft forderten. Demnach erhielt der Welfe sein Erbland zwischen der Weser und Elbe zurück, jedoch mit der Bedingung, drei Jahre lang das Reich zu meiden. Die kaiserliche Ehre, der Schwur, im Fürstenrathe mehreremale wiederholt, gestatteten keine Erhebung des Welfischen Hauses zu der alten Größe. Heinrich aber schied mit Weib und Kind und Getreuen von dem deutschen Vaterlande; England, beherrscht durch der Welfischen Herzogin Vater, König Heinrich, nahm die Trümmer des einst blühenden Geschlechtes mit aller Freundlichkeit auf. — So wurde in dem Jahre unseres Herrn 1182 die Macht der Welfen in Deutschland gestürzt, nicht durch den Parteihaß der Hohenstaufen, sondern durch die Allgewalt der öffentlichen Verhältnisse, so eine neue Ordnung der Dinge begehrten. Heinrich der Löwe aber hat seitdem dadurch geglänzt, daß er das beispiellose Mißgeschick mit größerer Weisheit ertrug, als sein voriges Glück. An dem Grabe des heiligen Jakob zu Compostella in Galiziens unwirthbaren Bergen bereuete der graue Held seine menschlichen Fehler, und fand Gnade vor Gott und der Nachwelt. (Siehe Kortüm's Geschichte Friedrich I. von Hohenstaufen, pag. 192.)

16) Die Hohenstaufischen Könige sind offenbar von dem Gedanken geleitet worden, daß die Begründung eines wahren Reichs in Deutschland ein wo nicht geradezu unmögliches, doch unendlich schweres Werk sein würde. Sie gaben es daher auf. Das deutsche Reich mag bleiben, wie es ist, und was es einem Könige etwa noch darbringen kann, das wende er an, um sich auf einem andern Punkte etwas zu erkämpfen. — So sind offenbar ihre Gedanken gewesen. Die Hohenstaufischen Könige richteten ihre Blicke fast völlig auf Italien, dorten wollten sie sich ein wirkliches Reich gründen. In dem Kampfe, der die deutschen Könige in Italien hatten, stunden sich als Hauptpar-

teien die Guelfen und Gibellinen, oder Welfen und Weiblinger gegenüber, zu ersteren, den Demokraten, hielten die verbündeten Städte. — Die Städte Italiens überragten damals alle andern europäischen Städte — und der Pabst, der in Italien neben seiner Macht kein großes Reich aufkommen lassen wollte. Zu Letzteren, welche das monarchische Princip vertheidigten und von einem schwäbischen Stammgute (Weiblingen, zwischen Stuttgart und Schorndorf), die Weiblinger, oder wie sie in Italien genannt wurden, die Gibellinen, hielt der größte Theil des aus der Frankenzeit stammenden Adels. Schon im Jahr 1154 zog König Friedrich zum ersten Male nach Italien, und immer nur auf kurze Zeit kehrte er seitdem zurück. Zwar setzte er — der im Jahr 1155 die Kaiserkrone in Rom erhielt — auf dem Reichstag in Italien zu Roncaghia im Jahr 1158 eine Reihe von Beschlüssen durch, welche die Königliche Gewalt daselbst anbauen konnten; zwar war das widerstrebende Mailand im Jahr 1162 zerstört, zwar hatte es einige Jahre den Schein, als werde der Kaiser seine Sache durchsetzen; aber schon im Jahr 1167 verschwand dieser Schein wieder. Die Städte gründeten den lombardischen Bund, den die Päbste unterstützten, um ein Kaiserthum in Italien nicht aufkommen zu lassen. Der Kaiser sah sich in einen ungeheuren Kampf verwickelt, in welchem er endlich durch die Schlacht bei Legnano im Jahr 1176 unterlag. Mit gebrochenem Herzen mußte er den Lombarden später im Jahr 1183 den Frieden von Konstanz, der ihnen die Rechte und Unabhängigkeit sicherte, welche sie sich erworben hatten, bewilligen. Kräfte und Anstrengungen waren also nutzlos und in einer undeutschen Sache verschleudert worden.

17) Es war im Jahr 518 nach Christi, als die Longobarden, ein deutsches Volk, ihre Wohnsitze an der Donau verließen und auszogen mit Weib und Kind, ein neues Vaterland jenseits der Alpen zu suchen. Das Abentheuer gelang. Albion, des Volkes König, gründete, weil die Sitten der alten Bewohner feig und verfallen waren, mit leichter Mühe eine Herrschaft, welche so lange blühete, als Einfachheit, Kraft, Vertrauen auf Volk und König, der Longobarden Abstammung von deutschem Blute bezeichnete. (Vergl. Simondis Geschichte der italienischen Freistaaten, Thl. 1, S. 112 der deutschen Uebersetzung.)

18) Einen Beweis, wie Conrad von Hohenstaufen über einen Theil der Geistlichkeit jener Zeit gedacht haben soll, liefert Dr. Leger, der im „Führer durch's Heidelberger Schloß" erzählt: „Er riß ringsumher, ein Schrecken der Mönche, die

Besitzungen des Hochstiftes Worms und der fürstlichen Abtei Lorsch, welche durch die Frömmigkeit der Salischen Kaiser aus ihren rheinfränkischen Stammgütern, bereichert waren, wieder an sich, und erweiterte so die eigenen Erbgüter, welche ihm diesseits des Rheins theils von seiner Mutter Agnese, einer Tochter des Grafen Friedrich von Saarbrücken, theils von seinem Vater zugefallen waren; darum schalten ihn die Mönche aber einen Gott vergessenen, den Klöstern, der Kirche und ihren Dienern gefährlichen Mann, und nannten ihn und die Seinigen „Die pfälzischen Hunde, deren von Allen geschmeichelt würde." (Vrgl. Thrithemius I., sowie Isele.)

19) Schon im Jahr 990 bauten Einsiedler — Mönche des Augustiner Ordens — in der Nähe der uralten Kapelle „Maria zur Wildniß" auf der Gegend, wo jetzt die älteste Pfarrei Heidelbergs, St. Peter, steht, ein Kloster.

20) Den hier öfter gebrauchten Ausdruck „Pfaffen" statt Geistlichen halte der geneigte Leser für keinen Schimpfnamen, indem man im Mittelalter diesen Ausdruck häufig gebrauchte, wo man darunter einen Gelehrten, im Gegensatz zum Laien, einen Ungelehrten, verstand.

21) Gerhard von Henneburg, Fürstbischof von Würzburg, war ein Bruder des Vaters der Pfalzgräfin Irmengard.

Vierter Gesang.

Der Klausner.

Unweit der alten Heidelberger Burg
Zieht sich der Römerweg weiter hinauf
Bis auf den Sattel, der zwei Berge einet.
Von hier dann links, bis auf die höchste Spitze;
Durch Moos behängten alten Lärchenwalt,
Richt' deine Schritte Wad'rer immer fort,
Dann kommst du an die Stelle, wo zu Konrad
Von Hohenstaufens Zeiten eine Klause
Gestanden, unter Eichen tief versteckt[1]
Von Stämm' und Zweigen und mit Moos erbaut

Und Wasen deckt der kleinen Klause Dach.
Hierher floh' Eberhard oft aus der Pfalz
Nun in die Einsamkeit, um Gott zu dienen.
Die Kerzen brannten bei dem Eintritt schon
Auf dem Altar und leuchteten ins Thal,
Noch eh' er kam, was in dem Volk den Wahn
Verbreitete, als zündeten sie an
Dem frommen Mann, der Engel heil'ger Chor. ²
Dem war nicht so, ein lebensmüder Klausner,
Der diente ihm beim Altar und zündete
Zu Gottes Ehr' des Nachts die Lichter an.
Der Klausner war ein Mann mit Silberbart
Und langem weißem Haar und tief gefurchten,
Vom Gram gebleichten, eingefall'nen Wangen;
Kaum sechzig Jahre mocht' er zählen; doch
Sah schwach und hochbejahrt er aus. — Er saß
Auf einer Rasenbank und sprach vertraut
Mit Eberhard, von Neuburg, das zu Füßen ³
Tief in dem Thal, über dem Neckar lag.
„Ja wie ich sage", fuhr der Kaplan fort,
„So will der Pfalzgraf dieses Kloster bald
Zu einem Frauenkloster wandeln um,
Und Kunigunde, seine älteste Tochter —
Wenn sie auf ihrem Sinne fortbeharret,
Als Aebtissin hinein verpflanzen; doch
Will er, daß sie sich reiflich prüfe und
Noch ein'ge Jahr' im Vaterhause harre." —
„Wohl recht, mein Conrad, nicht zu schnell, wie früher
So bist du noch! — Zuvor bedacht und dann
Gethan! dies war dein Wahlspruch ja von je,
Und nach ihm handelst du auch jeder Zeit! —
O hätt' ich's auch gethan, wie manche Thräne
Hätt' dieses Auge weniger geweint,
Wie mancher Seufzer wäre dieser Brust
Dann weniger entklommen — doch der Herr
Wird eine lange Reih' von Jahr' der Reue

Nun gnädig sehen und dem Reuigen
Verzeih'n!" So sprach der Klausner wie für sich —
„Mein Gott! was ahne ich — wärt' Ihr vielleicht?" —
Rief Eberhard voll Staunen plötzlich aus —
„Ich bin's! — Doch schweigt, die Bäume haben Ohren,
Ihr Rauschen könnt' es weiter tragen, und —
Doch leb' ich noch; ich leb' zu meiner Qual". —
So sprach mit Grabeston der Eremit.
„O redet fort," bat Eberhard, „warum
Seid Ihr vom Schauplatz abgetreten und
Wie kommt's, daß Euch die Welt für todt nun hält?"
„Wie konnt' ich leben unter Lebenden,
Die mich gekannt und mein erlaucht Geschlecht?
Zu leben ohne Ehre war nicht möglich,
Und sterben durch die eig'ne Hand, verbot
Der Seele Heil. — Doch in die Gruft, da sank
Ein leerer Sarg mit Stroh gefüllt und Stein —
Eu'r Vater Wolfgang und ein frommer Priester,
So wie mein guter Schildknapp Willibald;
Sie halfen meiner Flucht. — Mit schwerem Eid
Gelobten sie, ihr Leben durch zu schweigen. —
Doch ich — ich pilgert' in's gelobte Land
Und sucht' den Tod im Kampf und in Gefahren
Von irgend eines Sarazenen Hand.
Was half es mir? er floh mich stets, nach Jahren
Kehrt' ich zurück in's theure Vaterland;
Hier weile ich und weihe nun mein Leben
Dem ew'gen Gott, der es mir einst gegeben.
Was Ihr gehört von mir, ein jeder Laut,
Sei unter Beichtes Siegel Euch vertraut;
Bis einen Wunsch der Herr noch meinem Herzen
Erfüllt, dann will ich gern von hinnen gehen.
Getilgt wär' jede Pein, geheilt mein Schmerz,
Erhör', o großer Gott, mein brünstig Flehen
Und laß' erfüllt mich diesen Wunsch noch sehen!"
So rief der Greis und manche Thräne rann

Ueber die Wangen in den Silberbart.
Kaum hatt' er diese Worte ausgesprochen,
So tönt' ein froher Sang aus Waldesgrund:

„Es pranget der Himmel im herrlichen Blau,
Es wehen die Lüfte so lieblich und lau,
Die Sonne, sie leuchtet im strahlenden Licht,
Doch Alles das Schöne und Schönste, das spricht:
So schön als wie's Liebchen, so schön bin ich nicht!
Hallo! Halloho! Hallo!

Es lebe die Jagd und der grünende Wald,
Es lebe die Jugend, es lebe was alt,
Es lebe der Kampf und der Schlachten Gebraus,
Es lebe der Kaiser, es lebe sein Haus;
Doch's Liebchen, es lebe vor Allen voraus!
Hallo! Halloho! Hallo!"

„Der Wildfang Heinrich ist's, der singt im Wald
Des lieben Herrgotts Vögelchen zur Wette. —
Sing nur, du schlauer Vogel, singe nur,
Den Vogel kennen wir an dem Gefieder,
Den Löwen auch an seinem kühnen Thun;
Den Namen Wolf selbst hast du nicht gestohlen —
Und Gerhardus, des alten Löwen Freund —
Ja, ja, so ist's ich hab es längst errathen!
Schön, daß die Pfalzgräfin dir gut, wer weiß
Was sonst noch Alles hätt' geschehen können. —
O, Gott fügt's wunderbar, gelobet sei
Sein Wille fort in alle Ewigkeit!"
Bei diesen Worten Eberhard's, da kam
Der muntre Sänger aus dem Walde mit
Der Jagdbeut' reich beladen, warf sie hin
Und sagte lächelnd: „Hier, mein frommer Bruder,
Hier bring ich einen Braten in die Küche;
Ich mache ihn zurecht, und lade Euch
Zu Gast — Ein Birkhuhn und ein Häslein sind's,
Dazu das Krüglein Wein, das ich gebracht —
Das soll uns herrlich schmecken. — Ihr mein Vater,
Ihr eßt doch mit?" „Mein Sohn" — sprach Eberhard —

„Mein Sohn, sei mäßig und bedenke doch,
Daß morgen Fasttag ist, bereit Dich vor
Und sei kein Schlemmer, enthalt' Dich, Gott
Zu Lieb, von Deines Leibes Lust und faste!
Doch Heinrich hörte nicht und machte wacker
Hinter die Arbeit sich; der Klausner sprach,
Zu Eberhard gewandt, halb leise doch:
„O Eberhard, Ihr sonst so weiser Mann,
Klebt noch an solchen Menschensatzungen!
Von diesem Fasten sprach der Gottgesandte
Kein Wörtlein; doch Jesaias sagt voll Weisheit:
Soll das gefastet sein, um daß der Mensch
Dem Leibe wehe thut, als wie ein Schilf
Den Kopf hängt, und ihn legt in Aschensack?
Soll das ein Tag, dem Herrn angenehm,
Ein wahres Fasten sein? o nein, o nein!
Ein solches muß anders beschaffen sein:
Laß los, was Du mit Unrecht hast erworben,
Laß ledig, welche Du bedrängt, weis weg
Die eitle Lust der aufgeregten Sinne
Und brich' mit Freud' dem Hungrigen Dein Brod;
Nimm, die in Elend schmachten, in Dein Haus
Und kleid' den Nackten, dann fastest Du!"
„Wir sollen glauben uns'rer Mutter Kirche,
Nicht grübeln, Bruder, sondern glauben fest,
Was uns're Mutter sagt! So lehrt die Kirche.
Mein guter Bruder, wie ich höre, klebt
Trotz Leiden, Schmerz und Lebensüberdruß,
An Euch des Weltlichen noch viel" — sagt strenge
Nun Eberhard. — Der Klausner doch erwiedert:
„Glaubt, frommer Eberhard, was Euch das Herz
Zu glauben lehrt, und fern sei es von mir,
Des Herzens frommen Glauben Euch zu stören;
Doch laßt auch mich vertrauen auf die Stimme,
Die in dem Innern mir lebendig spricht." —
„Holla! Ihr frommen Herr'n, was hadert Ihr?"

So rief der Jäger-Koch nun lustig drein,
„Erzählt mir lieber von den Sarazenen,
Von diesem Heidenvolk, das ärger als
Die Juden noch den Christen feindlich ist.
Ihr war't, wie Ihr erzählt, in ihrem Land,
Da habt Ihr sie doch näher auch gekannt?"
„Mein lieber Sohn, nicht Alles ist so schlimm,
Wie man Dir von den Sarazenen sagte,"
Fuhr Jener nun zu sprechen wieder fort, —
„Sie sind ein mächtig Volk, ihr Alkoran
Giebt manche weise Lehre, die dem Christen,
Wenn er ihr folgt, nur Segen bringen kann.
Er sagt zum Beispiel auch: Die Frömmigkeit
Besteht nicht darin nur, daß ihr das Antlitz
Zum Aufgang oder Niedergang gewandt,
Nein, fromm ist der, der Gott vertraut, die Schrift
Befolgt und Liebe hegt gegen die Armen,
Der betet, hält, was er versprochen, und
Geduldig ist in Noth und Mißgeschick! —
Ein wahrer Schatz liegt wohl in mancher Lehr'
Von dem Moslem, der reich an Weisheit ist.
Wie schön sagt er doch nicht: Erwirb dir Gold,
So viel du brauchst, Weisheit so viel du kannst,
Der Thor führt stets das Herz im Munde,
Der Weise aber hat die Zung' im Herzen,
Drum ist die Rede Silber, Schweigen Gold!
Der Reichthum und die ganze Welt vergehen,
Doch gute Werke bleiben ewig stehen,
In Sonnentagen sei der Ameis gleich
Und liebe stets den Fleiß, dann bist du reich;
Doch fliehe Faulheit, die dir Schaden bringt
Und hör' den klugen Rath, der weise klingt;
Nur wegen Rosen man die Dorn' begießt
Und aus dem Laster niemals Segen fließt! —
Dort hab ich manchen gold'nen Wink erhalten,
Der mich zu tragen und zu dulden lehrte.

So hörte ich den Wahlspruch eines Weisen
Im Morgenlande, der verkündete:
»Die kleinste Rose dankbar pflücken,
Die an dem Lebenswege blüht;
Und nebenbei die Knospe nicht zerbrücken,
Die noch dem spät'ren Wand'rer glüht.
Den Irrthum hassen, doch den Wahn verehren,
Der uns die Lebensweise süßer macht
Und wo man nicht genießen kann, entbehren
Und gähnen, wo die Dummheit lacht;
Auch keinem Mufti, keinem Aga fröhnen,
Selbst nicht der eignen Leidenschaft.
Den Mann auch nicht beim Steckenpferd verhöhnen,
Dies ist des Lebens Wissenschaft!« —
So sprachen sie noch eine Weile fort,
Bis das Gespräch sich wieder auf die Burg,
Auf Pfalzgraf Konrad und sein Haus gewandt.
Und theilnahmsvoll der alte Klausner frug:
»Doch sagt, fängt an der Pfalzgraf seinen Schmerz
Zu dämpfen, heilen bald die Wunden, die
Ein herb Geschick dem edlen Fürsten schlug?«
»Er ist ein Christ und steht in Gottes Hand,
Muß tragen, was ihm wird von ihm gesandt!«
Sagt Eberhard; doch Heinrich rief voll Feuer:
»Er ist ein Mann, da hört man keine Klagen
Und männlich weiß er auch den Schmerz zu tragen!
Drei Jahre sind's, daß ich dem Edlen diene,
Ich sah' im Kampf ihn und in jed' Gefahren
Die Kraft des festen Männermuth's bewahren;
Doch denk' des jammervollen Tages ich
Mein ganzes Leben noch. — Nun ist's ein Jahr,
Da stand der tiefgebeugte edle Vater
An seiner beiden Söhne Todtenbahr«
Und manche Thräne fiel aus seinen Augen
Auf sie, die einstens seines Alters Stütze,
Die plötzlich eine Seuche weggerafft. —
Doch faßte bald er männlich sich und sprach,
Zu mir gewandt, mit wehmuthsvollem Ton:

Wer dachte dies? — Du sollt'st ihr Führer werden,
Sie sind im Himmel nun und wir auf Erden,
Wir weinen noch um sie, sie zu beneiden,
Dies wäre besser, denn des Lebens Leiden,
Die tragen ja nur die, die noch hier weilen."

Dem schließen wir nun auch noch weiter an,
Was sich begeben auf Burg Heidelberg,
Seit Heinrich weilte dort. — Es waren schon
Drei Jahre an dem Zeitenrad verronnen,
Seit Gerhardus den Jüngling her gesandt,
Jetzt zählt er achtzehn Jahr' und war von hoher
Und kräftiger Gestalt und frisches Roth,
Das strotzte auf des Jünglings voller Wange,
Und aus dem Auge strahlte kühner Muth,
Den er in seines Pfalzgraf's Fehden schon
Genügend oft bewährt, weßhalb der Fürst
Gelobt, bei nächster kühner Mannesthat
Den Ritterschlag ihm zu ertheilen dann.
Den edlen Pfalzgraf, den wir früher sah'n
So glücklich noch als Gatten und als Vater,
Des Schicksals schwere Hand sie traf ihn hart.
Der holde Knabe, der des Vaters Schwert
Noch jenesmal als Steckenpferd gebraucht,
Lag nun in Schönau's Gruft seit Jahresfrist,
Sowie auch jener Säugling, den die Mutter
An ihrer Brust noch dazumal genährt. —
Ach beide hoffnungsvolle Knaben lagen
In stiller Gruft, und schlummerten den langen
Und tiefen Todesschlaf. — Veränderlich,
O Glück, sind deine Launen! Kunigunde,
Des Pfalzgraf's ält'ste Tochter, sehnte sich
Als Braut des Himmels nach dem Nonnenschleier [5]
Und Agnes nur blieb noch der Eltern Stütze,

5

Des Alters Trost. — Sie sollt' des Hauses Glanz
Vererben einst, fortpflanzen seine Größe,
Deßhalb sucht Konrad auch, im Einverständniß
Des Erzbischofs von Köln, seine Güter
Auch für die weibliche Nachkommenschaft
Als erbliches Besitzthum umzuwandeln.⁶
Mit Schrecken sah' der Mutter sorglich Auge,
Daß das zur Jungfrau aufgeblühte Kind,
Das fünfzehn Lenze zählte, seine Blicke
Mit mehr als schwesterlicher Liebe nun
Auf Wolf, den schönen Edelknapp', gerichtet. —
Ein Wink aber von Eberhard und die
Besorgniß schwand und sie vertraute fest
Auf der Vorsehung unerforschten Schluß.

Doch führen wir den Leser nun zurück
Auf Bergeshöhe an die stille Klause.
Hier hatte Heinrich bald mit Hülf' des Klausners
Das Mahl bereitet, Eberhard, der ließ
Sich doch ein Stückchen Wild, ein Schlückchen Wein
Trotz seiner Strenge weiblich schmecken noch.
Und alle drei, der Greis, der Mann und Jüngling,
Sie würzten durch Gespräche sich das Mahl. —
Da wandt' der Klausner seine Blicke links
Zur Burg hinab, aus deren offnem Thore
Ein Zug von reich geschmückten Bürgern kam,
Der sich den Römerweg hinab zur Stadt
Bewegte. — „Was soll das, was wollen die
In solcher großen Zahl beim Pfalzgraf thun?"
Frug nun der Klausner, Eberhard, dieser
Erwiderte: „Es sind der neuen Stadt
Gesandte, um zu danken ihrem Herrn,
Dem Pfalzgrafen, der großmüthig geschenkt
Den Heidelbergern manche Freiheit und
Der Stadt ein eigen Banner gab, ein Sigul,

Ein Wappenschild und manches Andre noch,[7]
Was zum Gedeihen dieser Stadt, der Früchte
Gar segenreiche bringen kann. — Es geht
Dem Bürgerzug voran ein junger Mann,
Das ist Herr Giselbert, der Stadtschultheis,
Und neben ihm, das ist der Predigier,
Der Priester Konrad, Pfarrer Heidelbergs,[8]
Dann folgt der junge Sibito, der Mann
Des Rechts, und dann der reiche Vögele,[9]
Hierauf der Rath der jugendlichen Stadt,
Sie waren diesen Morgen angesagt. —
Der Herr hat sie zum Imbiß eingeladen;
Deshalb ging ich, dem Lärmen auszuweichen,
Herauf zu Euch, in Eure stille Klause.
Vor vierzig Jahren, als der Pfalzgraf erbte
Das Land, da war das gute Heidelberg
Ein Dörflein nur, das Schlierbach angehörte.[10]
Nun hat es unter Conrads weiser Hand
Zur Stadt und Residenz sich umgewandt." —
So sprachen nun die drei noch weiter fort,
Bis endlich Luna's sanftes Zauberlicht
Der Berge Höh'n und auch das Thal beglänzte.
Da stimmten ein' Gesang zum Lobe Gottes,
Des Ewigen, Unendlichen, sie an;
Und als auch dies beendet, zündete
Der Klausner die geweihten Lichter an,
Nahm Abschied und die Andern gingen weiter
Den Weg hinab zur Heidelberger Burg.

———

Doch richten wir den Blick auf's linke Ufer
Des Neckars nun hinab, in Hof der alten
Durch Römerkräfte noch begründeten
Und fest ummauerten stolzen Wasserburg[11]
Und sehen mit ein heit'res Volksfest an.
Da ging es lärmend her, die Fischer tanzten

Den muntern Reihn mit aufgeschürzten Dirnen.
Und unter vielbelaubter Linden Schatten
Da standen Tische reich bedeckt mit Trank
Und Speisen; alte Bürger, freie Männer
Mit ihren Frauen saßen d'ran und thaten
Sich gütlich heut, denn 's war ein Ehrentag,
Ein Tag der Freude, der erhoben hat
Die Dorfschaft Heidelberg, zu Schlierbach
Gehörig einst, zur Stadt und Residenz
Des Pfalzgrafen bei Rhein, des edlen Herrn,
Der nicht nur Fürst, auch guter Vater war
Den Unterthanen seines schönen Land's.
Auf's Wohl der jungen Stadt ward mancher Krug
Des edlen Pfälzer-Weins freudig geleert.
Vom nachbarlichen Bergheim waren Freie
Und Edle, wie der Heribalt und auch
Der reiche Gerold, Walther und Babo,
Der ruhmbekränzte Pfleger edlen Wein's
Und Besserer vom Landbau dieser Gegend [12]
Und And're mehr herbeigeeilt; desgleichen
Von Ladenburg, Plankstatt und Eppelheim, [13]
Von Handschuhsheim, Schwetzingen, Neuenheim
Und andern Orten kam des Volkes viel.
Und längs des Neckars waren lange Gassen
Zum Wettlauf eingerichtet, Ringer kämpften
Und schöne Mädchen — deren es, wie heut'
Zu Tage noch in Heidelberg gar viele
Gegeben schon — die theilten nun die Preise
Den Siegern aus und überall war Lust
Und Freud' im jungen Heidelberg zu seh'n.
Da kam ein alter Meister-Sänger her
Unter den schatt'gen Lindenbaum, der in
Der Mitte von dem großen Hof der Burg
Sein Laubdach wölbte, zu den Bürgersleut'
Und Alle riefen Meister Friesen zu:
„Singt uns ein Lied zur Ehre unsres

Geliebten Herrn und Heidelbergs der Stadt."
Da griff der Meister in der Harfe Saiten
Und kräftige Accorde schallten dann
Weithin und sammelten das Volk herbei,
Dann sang der Greis mit tiefer, klarer Stimme:

  „Es lebt' einmal vor langer Zeit
 Dort oben auf dem Hügel
 Ein frommes Weib, wie weit und breit
 Kein solcher Ehrenspiegel.
 Sie brachte in der Armen Hütt'
 Wie in des Reichen Hände,
 Der Gaben gar verschied'ne mit
 Für Ritter und Gesinde,
 Und an dem ganzen Neckarstrand
 War kein so edles Weib bekannt."

  „Sie prophezeit' vom Hügel dort
 Die größten Herrlichkeiten;
 Und daß einst unser armer Ort,
 In künft'gen, beſſ'ren Zeiten
 Als eine schöne Stadt erblüht,
 Mit Mauern rings umgeben,
 In denen Wissenschaft erglüht
 Und Kunst und Weisheit leben.
 Das Erste hat sich nun erfüllt
 Das And're kommt, wenn's Gott gewillt."

  „Wer ist's, der unser'n kleinen Ort
 Zur schönen Stadt erhoben?
 Er ist es, dessen Fürsten-Wort
 Die Nachwelt noch wird loben!
 Der Pfalzgraf ist's, der Ehrenmann,
 Dem wir durch's Feuer laufen,
 Dem Gott es nur vergelten kann,
 Conrad von Hohenstaufen!
 Drum rufet laut beim Becherklang:
 Der edle Fürst, er lebe lang!"

Da riefen Alle wie aus einem Mund:
„Er lebe glücklich, lange und gesund!
Es wallte fort auf allen seinen Wegen
Stets unſ'res lieben Herrgott's reichster Segen!"

Da kam der wack're Ueberle, ein Mann,
Der allgemein geachtet von den Bürgern,
Mit ihm Landfried, der neue Herr des Raths,
Sie kündeten: Der Fürst käm mit Gefolge
Sogleich herbei, um auch das Fest zu seh'n.
Nochmals stand Alles auf und brachte
Dem Pfalzgrafen ein vielstimmiges „Hoch!"
Doch dieser war schon in der Wasserburg.
Er trat nun zu dem Pfälzer Volk heran
Und sprach: „Ich seh' es gern wenn heiter Ihr
Und guter Dinge seid und Meiner denkt.
Ich dank' Euch, meine Edlen und Getreuen,
Und würd'ge Väter dieser jungen Stadt,
Für Eure Lieb', bewahrt sie fort mir auf.
Wie ich nun Eure Stadt mit einer Mauer
Umgab, so seid auch mir in künft'gen Tagen
Und meinem Hause eine feste Mauer."
Das Volk, es weinte Freudenthränen
Und segnete die Güte seines Herrn;
Doch dieser nahm huldreich Abschied und zog
Hinauf zur Heidelberger Burg empor.

———

Und auf der hohen Heidelberger Pfalz,
Da ging noch Alles den gewohnten Gang
Und Jeder that, was seine Pflicht gebot.
So störte lange Nichts die Ordnung auf
Der Burg wohl eine Reih' von manchen Monden;
Da kam in Eil' ein kaiserlicher Bote,
Dem Pfalzgrafen zu künden, daß sein Herr
Und Kaiser ihn auf ein'ge Tag' besuchen,
Und's edle Weidwerk hier zu treiben denke,
Auch noch gar mancherlei mit seinem Bruder, —
Der ja sein Stellvertreter in dem Reich,[14]
Wenn er — was größtentheils — in fremden Landen —

Des Wichtigen viel zu besprechen hätte.
Viel Edle hat der Kaiser angeworben,
Mit ihm zu ziehen in dem nächsten Jahr
Nach Palästina, wo Jerusalem
Die Schaaren der Ungläubigen auf's Neue .
Erobert hatten. — Da war nun ein Treiben
Und Rennen auf der sonst so stillen Burg. —
Bald kam der Kaiser selbst mit Hofstaat an
Nebst vielen Großen noch des Reichs, die im
Gefolge ihres kühnen Kaisers auf
Der Heidelberger Burg verweilten, um
Zum Dienste ihres Herrn bereit zu sein.
Es konnten in der Burg nicht Alle weilen
Und Vielen wurde Wohnung in der Stadt
Im frommen Augustinerkloster noch
Vom Kämmerer des Pfalzgrafen gegeben.
Doch Vater Eberhard, ein Feind von solch'
Getümmel, trieb es fort hinauf zu ihr,
Der stillen Klause und dem weisen Bruder,
Dem welterfahr'nen Mann, der hart geprüft
In Einsamkeit sein Leben Gott geweiht. —
Doch ach! Ermattet lag der Arme hier
Auf Moos gebettet in der stillen Klause.
Sein Antlitz fahl, sein Auge halb gebrochen,
Lag er, ein wahres Leidensbild, jetzt da.
„Gut, daß Ihr kommt, mein frommer Eberhard!"
Sprach er mit leiser, heis'rer Stimme nun —
„Bald heißt es ausgelitten, ausgekämpft;
Doch gebt mir noch die Tröstungen der Kirche,
Zum Urquell fließe dann, zu Gott zurück
Die Seele hin, woher sie auch entsprossen."
Und Eberhard hört' ihn zur Beicht und gab
Die Sakramente ihm, erquickte ihn
Im Leib des Herrn, erleichtert' auch durch Wort
Der Frömmigkeit und Gottvertrau'n der Seele
Gedrückten Kummer und des Herzens Schmerz,

Dann labt er auch mit frischem Kräutertrank,
Den er bereitet schnell, des Kranken Gaumen.
Und kniete sodann an dem Lager, betet'
Aus voller Seele mit dem Sterbenden. —
Da tönt das Jagdhorn lustig durch den Wald
Und Rüden bellten und des Jägers Ruf
Verkündete des hohen Gastes Nähe.
Auf's Neue strahlt das Aug' des Sterbenden
Und frische Kraft schien zu beleben ihn;
Er richtete sich in dem Lager auf
Und wandt' die Blick' erwartungsvoll zur Thür, —
Da öffnete sich die und Kaiser Friedrich,
Und sein erlauchter Bruder, traten ein. —
„Wie, Eberhard," rief Letzterer, „Ihr hier?
Und dieser Klausner krank? Du armer Mann!
Geb' Gott Dir langes Leben noch, da heute
Der Kaiser Deine Klaus betreten hat." —
Da goß ein freudig Feuer sich in die Züge
Des Kranken, und ein sel'ger Friede strahlt
Aus jeder Mien' dem hohen Paar entgegen.
Und höher richtet er sich auf und sprach:
„Dank Dir, mein Conrad! Laß zur Heimath eilen
Die müde Seele aus dem morschen Haus,
Was sollt' sie länger auch noch hier verweilen,
Errungen ist ihr Ziel, ihr Kampf bald aus. —
Mein Kaiser hier, vor drei und dreißig Jahr',
Hat ehrlos er den tollen Mann gemacht,
Den Mann, der taub für edle Warner war,
Zu ihm hat jetzt das Schicksal Euch gebracht!'
Der Kaiser rief mit Conrad nun vereint:
„Ihr wärt der Mann?!" „Mein Freund, den ich beweint?"
Und dieser sprach, zum Kaiser hingewandt,
Indem er Conrad bot die welke Hand:
„Hermann von Staleck bin ich einst gewesen,
Den Namen trug der leere Sarg zur Gruft,
Doch hier, hier liegt der Körper unverwesen

Der sieche Leib, deß Mund zum Kaiser ruft:
O Herr! O gieb, was Du mir einst genommen,
Laß' mit der Ehre mich zum Vater kommen:" —
Da nahet Eberhard in Ehrfurcht sich,
Erzählt dem Kaiser Hermann's Lebenslauf;
Indessen Conrad wahrhaft hochbeglückt
Den todt geglaubten Freund an's Herz gedrückt.
Doch Friedrich sprach: „Erhole Dich, Hermann,
Und habe ich einst ehrlos Dich gemacht
Und Dich verurtheilt zu dem Hundetragen,
So reich ich Dir jetzt meine Kaiserhand
Und alle Welt soll künftig laut es sagen:
Hermann von Staleck sei im ganzen Reich
An Ehr dem Edelsten der Edlen gleich!"
Und wieder strahlte Freude aus den Zügen
Des Sterbenden, er rief: „Ich danke — danke!
Doch laßt die Welt, — sie kann mir nichts mehr rauben,
Was liegt an ihr, ich steh' ja nur allein,
Und ruhig ist mein Herz und fest mein Glauben, —
Ich geh' mit E h r e n in die Heimath ein!
Jetzt sterb ich gern, bald sehen wir uns wieder." —
Er sprach's und sank entseelt auf's Lager nieder.
Die Fürsten beteten mit frommem Sinn
Und knieten andachtsvoll beim Todten hin,
Doch Conrad gab dem Freund zur ew'gen Ruh'
Den letzten Dienst, drückt' ihm die Augen zu. —
Dann gaben sie das Zeichen zu dem Ende
Der Jagd und Alles zog zurück zur Burg.
Der Priester blieb die Nacht durch bei der Leiche,
Des andern Tags ward sie zu Grab gebracht.
Doch lassen wir den lebensmüden Klausner
Nun weilen in der stillen Grabesruh'
Und kehren nun zu Conrad's Pfalz zurück.

Historische Erklärungen des vierten Gesanges.

1) Der Dichter bezeichnet hier die Stelle, welche noch heute der Königsstuhl benannt wird, und die in der Anmerkung des ersten Gesanges näher beschrieben ist.

2) Dr. Leger erzählt in seinem Führer: „Dort hinter der Burg in düsterer Einsamkeit, wo der alte Königsstuhl, der höchste Gipfel des Geis- oder Hedelberges, seine damals dicht bewaldeten Seiten herabsenkt, errichtete der heilige Eberhard dem Gotte der Christen einen Altar, wohin er täglich zweimal aus dem Geräusche des Hoflagers zum Gebet floh und, wie die Legende sagt, sein aufgestelltes Licht durch ein Wunder jener Zeit stets brennend fand.

3) Das Stift Neuburg oder Neuenburg liegt auf dem rechten Ufer des Neckars auf einem lieblichen Hügel, und wurde von einem reichen Franken Anselm, anno 1134 auf den Trümmern seiner Altenburg gestiftet und mit Mönchen vom Orden Benediks bevölkert. Ausführliches über dieses schöne Stift und dessen Geschichte gibt Hofrath Hautz in seiner Beschreibung der Neckarschule S. 4 und 5.

4) Dr. Häusser erzählt in seiner Geschichte der Rheinpfalz I. B. S. 60: „Ein Sohn Friedrich, vielleicht auch noch ein zweiter, mit Namen Konrad, waren ihm früh vorangegangen, und Dr. Leger sagt im öfter benannten Führer S. 6: „Hier — in Schönau — ruhten auch schon seine ihm 1186 vorangegangenen Söhne".

5) Mehrere ältere und neuere Geschichtner erzählen, daß Kunigunde eine Tochter des Pfalzgrafen Konrads, die erste Abtissin des von demselben später 1195 zum Frauenkloster umgewandelten Neuenburgs gewesen wäre. Dr. Häusser sagt in seiner Geschichte der Pfalz I. S. 29 in Anmerkung 29: „Trithenius ist dafür Hauptgewährsmann, man könnte ihm das Zeugniß des ältern Gottfried (Freh. 1. 261.) entgegenhalten, welcher Agnes die einzige Tochter Konrads nennt. Wir glauben deßhalb mit Schmidt (Org. guelf III. 186 Note), daß die Existenz dieser Tochter apokryptisch ist". Soweit Häusser; doch erlaubt sich der Verfasser dieses Werkes, zu bemerken, daß eine Tochter, welche in früheren Zeiten den Schleier nahm, den Eltern, der Familie und der ganzen Außenwelt nicht mehr, sondern nur dem Kloster und ihrem göttlichen Bräutigam angehörte, weßhalb Gottfried von dieser Kunigunde gewußt und Agnese doch die einzige Tochter Konrads genannt haben kann. S. oben Anmerkung 3.

6) Die meisten pfälzischen-hohenstaufischen Besitzungen waren Allodien und die andern Güter suchte Conrad in Weiberlehen umzuwandeln. — Dr. Häuffer sagt hierüber in d. G. der Rh.-Pfalz I. 58: „Seiner Freundschaft mit Köln gelangs auch später, als seine männlichen Sprossen lange gestorben waren, diese Güter in erbliche Weiberlehen umzuwandeln".

7) Legers Führer sagt pag. 53: „Von ihm (Conrad) hat Heidelberg sicherlich auch sein uraltes Wappenbild bekommen 2c." Auch das alte Stadtsiegel hat er Heidelberg verliehen. Vergl. 1. Gesang. Anmerkung 12.

8) Hofrath Hautz sagt in seiner Geschichte der Neckarschule S. 3, daß schon im Jahre 1196 ein Prediger Heidelbergs mit Namen Conrad, und im Anfange des 13. Jahrhunderts ein dortiger Schultheis Giselbert und ein Advocat Sibito in den Urkunden angeführt würden.

9) Dieser Vögelin wird in einer Schenkungs-Urkunde v. J. 1195—1211 an das Kloster Schönau genannt.

10) Schlierbach ist viel älter als Heidelberg, welches Letztere vor Conrads von Hohenstaufen Zeiten nur ein kleines Fischerdörfchen war. Vgl. Toln. Histor. Palat. additiones pag. 33. Halwig. Antiquitt. Laurisch pag. 183. Freher Origina Palat. pag. 50. 97. Hofrath Hautz sagt in öfters benanntem Werkchen: „Er erweiterte Heidelberg und umgab es mit Mauern." — Auch eine städtische Verfassung erhielt Heidelberg durch ihn.

11) Die Wasserburg war bei Begründung der jungen Stadt noch nicht in den Bezirk derselben gezogen, denn dieser bestand größtentheils in der jetzigen Bergstadt. — Als Conrad von Hohenstaufen die alte, auf römischen Mauern erbaute Frankenburg des kleinen Geisbergs erneuerte und zu seinem Fürstensitz erhob, da siedelten sich in der Nähe der Burg fürstliche Dienstleute, Handwerker und Taglöhner an, deren Wohnungen durch Mauern nun in den Bereich der Fürstenburg gezogen wurden, welche Letztere den Ansiedlern sowohl zum Schutz, wie diese selbst wieder zur Vertheidigung der Burg dienten. Die Grenzen dieser ersten Stadttheile mochten wohl vom Klingenteich, wo ein fester Thurm stand, bis an die noch heute „Zwingerweg" benannte Straße gehen, und die jetzige Bergstadt hinaufziehen. Vor einer Reihe von Jahren, als man im Klingenteich Straßenanlagen und andere Bauten vornahm, fand man noch mächtige Mauertrümmer, welche von Verbindungsmauern mit dem oberen Schlosse zeugten. Die Fischerwohnungen, welche sich in der Nähe der Wasserburg befanden, gehörten wohl zu der jungen Stadt, waren aber nicht in deren erste Mauerumgebungen gezogen. — Herr Pfarrer

Wirth berichtet in seinem verdienstvollen Archiv für die Geschichte Heidelberg (siehe I. Jahrg. pag. 6): „Das Burggericht selbst bestand aus sechs Mitgliedern. Wurde eine Criminalsache verhandelt, so führte der Burggraf den Vorsitz; in gewöhnlichen Civilsachen aber präsidirte der Schultheiß, später Gerichtsbürgermeister genannt, welcher von der Herrschaft ernannt wurde, während die Gerichtsmänner von den Bürgern gewählt wurden". Später erweiterte sich allmählig die Stadt vom Klingenteich und Zwingerweg nach dem Mittelthor und Neckar, b. h. bis an die Wasserburg. — Von einem alten Manne erfuhr der Verfasser dieser Schrift, daß jener in seinen Knabenjahren in der Wasserburg, jetzt Marstall benannt, mit anderen Jungen gespielt und in einem der vier Thürme — wir glauben im nordöstlichen — in ein Gewölbe eingebrochen wäre, welches, als man ihn aus demselben befreit, untersucht worden, und von einer Menge kolossaler steinerner Kugeln angefüllt gewesen wäre, die man in alter Zeit in Festungen als Wurfsgeschosse gebrauchte. Erst 1392 wurde Heidelberg durch das alte Bergheim vergrößert, dessen Bewohner unter Kurfürst Ruprecht I. ihre Wohnungen niederreißen und dieselben weiter östlich an Heidelberg anbauen mußten, wodurch die heutige Vorstadt oder Neustadt entstanden.

12) Der wackere Chronikschreiber Heidelbergs, Herr Pfarrer Wirth, nennt die in diesem Werk bezeichneten Namen der Bergheimer schon im 8. Jahrhundert als die von freien Männern in seinem nicht genug zu empfehlenden „Archiv für die Geschichte Heidelbergs" I. Jahrg. pag. 69.

13) Derselbe Chronist bringt in seiner verdienstvollen vorbenannten Schrift die hier bezeichneten Ortsnamen auf folgende Weise geschrieben: Bergeheim, Eppelenheim, Blankenstatt, Suezingen, Lobdenburg, Handschuhesheim, Wibilingen ꝛc. — Der gleiche Verfasser sagt pag. 65 in seinem Archiv: „Lange vorher, ehe die Stadt Heidelberg entstanden war, machte sich Bergheim in der Geschichte unserer Gegend bemerklich. Ja aus der Zeit der Römer=Herrschaft sind uns Denkmale überliefert, welche das Dasein jenes Dorfes schon zur Römerzeit beurkunden."

14) Der Pfalzgraf war der höchste Beamte des deutschen Königs, sein Stellvertreter wenn er abwesend, ja in gewissen Fällen sogar der Richter über den König selbst, welcher Fall aber in der Geschichte nur selten, z. B. bei König Wenzel, vorkam.

Fünfter Gesang.

Die Verlobung.

Der Kaiser war längst fort, in's heil'ge Land,
Und Alles ging nun auf der Fürstenburg
Den altgewohnten, regelrechten Gang.
Wenngleich der Pfalzgraf wie die meisten Großen
In jener Zeit, der Feder selbst nicht mächtig,
So war er doch kein Feind der Wissenschaft;
Er fühlte wohl, daß nur durch sie das Leben
Die wahre Weihe erst erhielt, daß nur
Die Schul' den Grundstein legt zum Völkerwohl,
Daß nur durch sie erblüht der religiös
Und sittlich eble Sinn desselben erst.
Er fühlte auch mit Schmerz, daß Manches fehlte,
Was er nur ahnte, was die Jugend ihm
Durch Weg der Schule niemals beigebracht;
Doch fühlt' er auch vor Vielen eine Macht,
Die herrschend thront in ihm, es war
Die gottgesendete, heilige Vernunft,
Die ihm den Weg gebahnt zur Offenbarung
Von Gott, von Wahrheit, Lieb und Recht.
Deßhalb befahl dem frommen Eberhard
Er nun zu wachen, daß in Heidelberg,
Der jugendlichen Stadt, auch Schulen blühten.
Er stiftete mit Jüngern Benedikts,
Die ja in jener frühern Zeit der Schulen
Und Wissenschaften treuste Pfleger waren,[1]
Ein Kloster, das zum Unterricht bestimmt
Für Adlige, sowie für Bürgerknaben.
So grüßen wir Conrad von Hohenstaufen
Nicht nur als großen Pfalzgrafen bei Rhein,
Nicht nur als den Begründer Heidelbergs

Als Stadt und Residenz der schönen Pfalz;
Wir grüßen auch in ihm den ersten Fürsten,
Der in der jetzt berühmten Musenstadt
Den ersten Grundstein zu den Schulen legte;
Und daß der Grundstein gut gelegt, das zeigte
Der mächt'ge Bau, der sich durch allen Sturm
Der vielbewegten Zeit darauf erhob.

Und wieder war ein Jahr im Zeitenstrome
Dahin gerollt zu den verschwundenen,
Dem hat es Herbes vieles dargebracht
Und Jenen nur mit Wonne angelacht.
So theilt verschieden es die Gaben aus;
Doch Jeder hoffet von dem jungen Jahre,
Daß es für ihn des Guten viel bewahre.
Schon schlummerte seit Jahresfrist der Bruder
Hermann im stillen Grab, da sah' man weit
Vom hohen Thurm der Heidelberger Burg
In's Thal die schwarze Trauerfahne wehen
Und dumpf und feierlich schallt' der Glockenklang,
Sowie der Grabgesang der Todtenfeier,
Und ganze Schaaren in den Tempel wallen
Und füllten seine schwarz umhüllten Hallen.
„Der Kaiser Barbarossa ist nicht mehr!"
Tönt es von Mund zu Munde bang und schwer;
Fern von der Heimath, von dem deutschen Land
Auf fremder Erde seinen Tod er fand.[2]
Da fühlte Conrad tief, was er verloren,
Den Bruder, Kaiser, Freund, Beförderer
Von seines edlen Hauses Macht und Größe. —
Ach, Viele waren ihm vorangegangen
Der lieben Theu'ren, aus der Jugendzeit
Fort in's geheimnißvolle Reich der Schatten.
Ach, das sind ja des Alters bitt're Klagen,

Daß, was die Jugend uns nur Schönes giebt,
Das sieht man nach und nach zu Grabe tragen,
Und Alles, was im Leben wir geliebt,
Das ist vor uns in's stille Land gegangen,
Und uns bleibt nur die Sehnsucht, das Verlangen.
Doch eben diese Sehnsucht, diese Klagen,
Die Leere in dem liebewarmen Herzen,
Die Leiden, die auf Erden wir ertragen,
Des Neid's und der Verkennung bitt're Schmerzen,
Ja, Alles dies ist uns zum Trost gegeben,
Es nährt die Sehnsucht nach dem b e ss 'r e n Leben!

———

Doch wenden wir den Blick vom blassen Tode
Hin zu der Blumen allerschönsten Blume,
Die auf dem Heidelberge je geblüht,
Die zu der Gärtner freud'gem Ruhme
Zur wahren Wunderblume ist erglüht.
Bescheiden, sittsam, einem Veilchen gleich,
Der Unschuld Bild, der Lilie zu vergleichen,
Doch reizender, an Farb' und Schönheit reich,
Als wie ein Röschen, das der Liebe Zeichen,
So blüht Agnes, der Reize unbewußt,
Der Eltern Freude und der Eltern Lust.
In seinem Closet saß das Fürstenkind
Und stickte emsig fort nach einem Muster
Und neben ihr saß Mutter Irmengard
Und gab bald die, bald jene Farbe an. —
Und and're schöne Fräulein, die zum Hofe
Der Pfalzgräfin gehörten, arbeiteten
An Zeug für Kleidungsstücke armer Leute. —
„Ja, ja, mein Kind, so wird die Schärpe schön
Und gut wird sie dem neuen Ritter stehen;
Und doppelt werth muß sie ihm sein, da sie
Von Deiner Hand allein gefertigt ist

Und Deine Farben noch als Grundton trägt.
Das wird für Heinrich wohl ein Freudentag,
Von Deiner Hand die pracht'ge Schärpe hier,
Von Vaters Hand den hohen Ritterschlag,
Von mir die gold'nen Sporn, des Ritters Zier!
Was, glaubst Du wohl, wird ihm das Liebste sein?"
So scherzend frug die Pfalzgräfin ihr Kind. —
„Was kann dem kühnen Heinrich lieber sein,
Als durch des edlen Vaters eigne Hand
Geschmückt zu werden mit dem Ritterstand?"
Erwiderte erröthend nun Agnes. —
„Wer weiß, die Neigungen solch' junger Fante
Sind oft gar eig'ner und besond'rer Art,
Und kleben mehr an Schärp' und solchem Tande,
Als was sich mit des Kriegers Ruhme paart!"
Fuhr immer neckend noch die Mutter fort.
„O Mutter, sprecht von Heinrich doch nicht so!
Er, der, wie ja der Vater selbst gesagt,
Den Tod nicht scheut' in Kampf und in Gefahr,
Der ihn errettet aus des Feindes Hand,
Der Erste stets an seiner Seite war.
Er klebte nur an eitlem Flittertand!? —
Und wäre diesem so, lieb' Mütterlein,
Die Schärpe würde wahrlich nimmer sein!"
„Nur nicht so heftig, Kind! Ich kenn' Dich nicht,
So brennest Du! — Ich glaub Dir ja und gehe
Nun mit den Fräulein fort; es holen bald
Die Armen ihr Geschenk. — Ich laß' allein
Dich liebes Kind, mußt nicht so heftig sein!" —
So sprach die Mutter, drohte mit dem Finger
Und ging mit ihren Fräulein fort. Sie war
Ein wahrer Engel für des Armen Noth,
Vertheilte liebevoll mit eig'nen Händen
Dem Dürftigen die Kleidung, Trank und Brod
Und den Bedrängten Trost und and're Spende;
Die Pfalzgräfin wollt' Fürstin nicht allein,

Sie wollte Mutter auch den Armen sein.
Doch Agnes blieb allein — allein? o nein!
In ihrem Herzen war noch Jemand da,
Der sich ein festes Nestchen hier gebaut,
Mit dem in jedem Augenblick sie traulich —
Wenn auch nur in Gedanken — sich besprach. —
Doch still! — Es klopfte leise an die Thüre
Und plötzlich stand das Bild des Herzens
Lebendig vor der Fürstentochter da
Und neigt sich schüchtern, ehrfurchtsvoll und spricht:
„Verzeihet, hohe Herrin, darf ich's wagen,
Euch, gnädigste Prinzessin, anzufragen,
Da ich im Auftrag meines Herrn nach Speier
Nun gehe — ob ich nicht so glücklich bin
Für Euch, Prinzessin, etwas zu besorgen?"
Kaum konnt' die Liebliche das Aug' erheben,
Denn ihr Gesichtchen brannt' wie Feuergluth;
Doch sagt' sie sanft, indem sie schnell ein Tuch
Ueber die Arbeit warf: „Es schickt sich nicht,
Daß ich Euch ferner noch mit Aufträgen
Belästige, indem der Pfalzgraf ja,
Mein edler Vater, Euch den Ritterschlag
Verleihen wird, wodann ein solcher Dienst
Dem Ritter nicht mehr ziemt!" Doch Heinrich rief:
„Mein ganzes Leben, holde Prinzessin, weih'
Ich Euch, und hoch geehrt ist ja der Ritter,
Der Euch sein Thun, sein Leben weihen darf!"
„Wir wollen sehen, Heinrich Wolf, ob dann
Der Welfen Heinrich, mit dem Schwert umgürtet,
Als hoher Fürst und Rittersmann nicht stolzer
Geworden ist?" erwiederte Agnese.
„Allmächt'ger Gott!" rief nun erblassend aus
Der Jüngling. — „Wie, man kennt mich doch, und ich
Hätt' die Erhöhung nicht der eignen Kraft,
Sondern dem Stand, dem ich geboren, zu verdanken?"
„Erschreckt mich nicht," fiel schnell die Jungfrau ein,

„Niemand kennt Euch, ja selbst mein Vater nicht.
Nur Eberhard und meine Mutter und —
Wenn Ihr nicht zürnt — Agnese kennen Euch,
Und heilig ward den dreien Eu'r Geheimniß. —
Ihr schweigt — Ihr glaubt mir nicht? — das ist nicht recht
Von Euch! — Die Lüge ist mir fremd — Ihr schweigt
Noch immer, wie? So wißt, ich bin erzürnt
Auf Euch, daß Ihr nicht meinen Worten glaubt!"
Agnese wandt' den Kopf und Thränen brachen
Aus ihren Augen, sie nahm das Tuch,
Um sie zu trocknen. — Heinrich sah sogleich
Sein Wappenschild und Namen auf der Schärpe
Von Agnes Hand gestickt. — Entzücken fast
Des Jünglings Herz, sich selbsten unbewußt
Stürzt er der Fürstin nun zu Füßen, rief:
„Verzeiht! Ich glaube ja — ich glaub Euch mehr
Als je ein Mensch dem Andern glauben kann; —
Ich sollte Euch nicht glauben? Euch! Dann glaubt'
Ich nicht an Gott und seine hohe Gnade,
Dann glaubt' ich nicht, daß ich je selig würde;
Wenn ich nicht Euch, der Herrlichsten, vertraute
Und fest auf Euch, wie auf den Himmel baute!
O zürnt dem Sohne des verbannten Löwen,
O zürnt dem armen Heinrich nicht, er glaubt
Und liebt Euch grenzenlos, sein ganzes Leben
Ist der Gedanke nur an Euch, Agnese!" —
Da ging die Thüre auf. — Erstarrt wie Stein
So stand der Pfalzgraf da, — fuhr mit der Hand
Zum Auge ob er träume; dann ermannt
Er sich, griff wüthend nach dem Dolch und schrie:
„Bei Gottes Zorn, so, Bube, lohnst Du mir!"
Doch Eberhard, der mitgekommen war,
Fiel schnell dem Pfalzgrafen nun in den Arm,
Und rief ihm warnend zu: „O hoher Herr!
Vergeßt Euch nicht und denkt des Freundes doch,
Des armen Hermann's, den Ihr oft gewarnt,

Der drei und dreißig Jahr gebüßt, doch blieb
Schuldlos vergossen Blut nicht unvergossen,
Geschehenes nicht ungeschehen, und
Als Pfalzgraf, als der erste Richter, müßt
Ihr doch zuvor auch hören, eh' Ihr richtet,
Sonst seid Ihr ungerecht, mein hoher Herr!"
„Kann hier von schuldlos noch die Rede sein,
Lag er nicht hier zu meiner Tochter Füßen?
Die Schlange, die ich an dem Busen nährte!
Ha! Undank ohne Gleichen! Wer bist Du denn,
Der es gewagt, den Blick so hoch zu heben
Zu seines Fürsten Erbin, seinem Kinde? —
Darum schlichst Du Dich in mein fürstlich Haus,
Um mir das höchste Kleinod zu entwenden.
Ha! welche Schmach! ich darf nicht daran denken!" —
So tobt' der Pfalzgraf fort und fort, Agnes
Verhüllte sich das Aug' und Heinrich stand
Wie ein Verbrecher mit gesenktem Haupt,
Den Blick sich schuldbewußt zur Erd' gerichtet.
Da trat die Pfalzgräfin nun ein und sah
Erstaunt den Auftritt an und sprach: „Was giebt's
Denn hier, mein Conrad, daß so heftig Du
Nun tobst, o sag', was ist geschehen, sag?
Was weint Agnese denn und dieser Jüngling
Steht so vernichtet da, wie ein Verbrecher?"
„Zu Agnes Füßen fand ich ihn, wo er
Als wie ein Tauber ihr von Liebe girrte!"
Rief wild der Pfalzgraf. — „Was ist denn das?!
Mein Herr Gemahl that einst auch so, und dieser
Ist jung und steht durch die Geburt ihr gleich
Und ist, wie sie, an Ehr' und Tugend reich.
Der Jüngling hier ist Herzog Heinrich,
Der Sohn des Löwen, der zwar ohne Land,
Ein Held, in Acht nun lebt, arm und verbannt;
Doch war's Dein Freund! — Ich habe längst erkannt
Der Kinder Liebe, die so rein verbunden

Und danke Gott, daß es sich so gefunden.
Komm, Vater, komm und laß Dein Herz bewegen
Und gieb den guten Kindern Deinen Segen!" —
Erstaunt nur hört der Pfalzgraf diese Rede
Und merklich sank sein Zorn und seine Miene
Erheiterte sich schnell, doch sprach er ernst:
„Ist es dem so, warum das Possenspiel,
Und sagte er nicht gleich: Der bin ich und
Das habe ich im Sinne. So war würdig
Des Fürsten und des Biedermannes Thun!"
„Verzeiht, o hoher Herr, ich fühle sehr,
Daß ich gefehlt, das Gastrecht tief verletzt;
Doch in dem Drang der Leidenschaft vergaß
Ich Grundsatz, Alles um mich her, gestand
Der holden Agnes meine heiße Liebe, —
Da fehlte ich; doch that ich menschlich nur
Und fiel. — Doch ist's kein eitles Spiel gewesen,
Daß ich als Unbekannter mich zu Euch
In Dienst begab. Ich bat den Vater sehr,
Mir zu erlauben, daß ich unbekannt
Als Frembling ohne Glanz und ohne Stand
Bei irgend einem Fürsten dienen dürft'.
Durch eigne Kraft nur sollt' es mir gelingen,
Den Stand der Ritterschaft mir zu erringen.
Der Bischof Gerhard, meines Vaters Freund,
Mocht' wohl auch mit dem Vater schon vereint,
So ihre eignen stillen Pläne haben.
Der Fürstbischof gab mich dem Prior mit
Nebst jenem Schreiben und der Vater gab
Mir seinen Segen, sprach: „O werb' ihm gleich,
Dem edlen Conrad gleich, dann bist du reich,
Und wirst du auch nicht große Länder erben,
So kannst du dann als großer Fürst doch sterben.
Bald sah ich sie, die Herrlichste der Frauen,
Ein Himmel taucht in meinem Busen auf,
Ihr weiht' ich mich voll Liebe und Vertrauen; —

Dies, hoher Herr, ist nun der Sache Lauf,
Und Alles, wie ich's weiß, hab' ich gesprochen.
Verzeiht dem Reuigen, was er verbrochen!"
Der Pfalzgraf sprach gerührt: „Es sei, wie Gott
Es wunderbar gefügt; was wir vor Jahren,
Ich und Dein Vater, uns gelobt, das sei
Mit Gottes Segen heut vollbracht. Gieb her,
Mein Kind, mir Deine Rechte und Du die Deine
Und so verlob ich beide Euch denn heute;
Liebt Euch, wie ich und Irmengard uns lieben,
So werdet Ihr, so Gott will, glücklich sein!
Am Sonntag wirst Du mit dem Ritterschwert
Umgürtet und dann eilest Du recht schnell
Zu Kaiser Heinrich, Deines Vaters Acht
Zu lösen, wird Dir leicht gelingen.
Ich hoffe, mein Nepot trägt nicht den Groll
Des Vaters noch dem Welfenstamme nach
Und in euch Beiden soll für Deutschlands Heil
Sich Guelf= und Gibellinen=Blut verbinden,
Und so der alte Haß sein Ende finden.
Gott segne Euch und lasse Euch auf Erden
Ein treu' und frommes Paar bald werden!" —
Zu einem Bild der Freude war gewandelt
Der heft'ge Zorn, der früher noch so groß,
Zur Freudenthräne plötzlich ward' verwandelt
Die Thräne, die erst kurz dem Kummer floß.
O, möcht bei allen Guten in dem Leben
Ein jeder Zorn ein solches Ende geben!
Bald drang es durch das Heidelberger Schloß
Und Alles freute sich, wohl Klein und Groß.
Die Edlen riefen wie die Diener aus:
„Es leb' der Pfalzgraf und sein ganzes Haus!"
Und froh ertönte es beim Becherklang:
„Das Brautpaar lebe glücklich, lebe lang!"
O Brautstand, welches Maaß von Seligkeit
Liegt nicht in Dir, Du gold'ner Stand der Stände!

Du süßester, der Träume schönster Traum,
Der reinen Unschuld leiser Schwanensang!
O glänzend Morgenroth, das lächelnd Du
Oft eines Tages stürmisch Wolkenmeer
Verbirgst. — Des Lenzes Blüthe gleichest Du,
Deß gold'ner Frühlingsstaub der spät'ren Zeit
Geheimnißvolle Frucht verborgen hält.
Ein Garten ist's, wo duft'ge Knospen blühen
Und überall der Hoffnung Freude lacht;
O möchten sie zu Rosen stets erblühen,
Wenn aus dem süßen Traume man erwacht!
Ein Himmel voller Lust und Seligkeit
War nun dem jungen Paar entsprossen; doch
Die Zeit, sie eilt auf Flügeln schnell dahin.
Der Sonntag kam und ging, die Feierlichkeit,
Sie war vorüber — Heinrich Ritter nun.⁵

Historische Erklärungen des fünften Gesanges.

1) Der im Jahr 534 verstorbene Benedikt von Norcia zerstörte am Berge Cassino in Campanien den dem Apollo geweihten Tempel und gründete hier im Jahr 539 ein Kloster, dessen Mönche dem Gebete und geistiger wie körperlicher Arbeit geweiht sein sollten. Benedikts ganze Klostereinrichtung hat das Gepräge einer Erziehungsanstalt zu einem Gott geweihten Leben. — Der Vorsteher heißt Abt oder Vater und bei seiner Wahl wird auf Lauterkeit des Lebens wie auf Weisheit und Gelehrsamkeit gesehen. Er soll durch Wort und namentlich durch That ein Muster seiner Untergebenen sein, denen wiederum der strengste Gehorsam zur Pflicht gemacht ist, als der erste Grad der Demuth, welche er für die Hauptugend seiner Mönche erklärte. Dieselbe Forderung strengen Gehorsams, die einst Lycurg der Spartaner Jugend auferlegte, finden wir auch hier, nur gemildert, durch den Geist christlicher Liebe. Das Leben der Mönche war bis in's Einzelne geregelt, und es herrschte eine väterliche, strenge Zucht. Ursprünglich war Benedikts ganze Unterrichts-

weise nur auf Knaben berechnet, welche sich dem Klosterleben widmeten, auf die sog. pueri oblati oder die Gott geweihten Kinder. Weil aber das Bedürfniß von Schulen sehr groß war, so entstand bald die Nothwendigkeit, daß auch solche, die sich nicht dem Mönchsleben widmen wollten oder sogen. Extranei, diese Schule der Benediktiner besuchten, und zwar bald in so großer Zahl, daß für dieselben besondere Lehrzimmer, vielleicht auch besondere Lehrgegenstände bestimmt wurden; das classische Alterthum und namentlich auch das römische fand unter den Benediktinern die meiste Pflege und thätige Förderung. — Doch beschäftigten sich dieselben nicht allein mit den Wissenschaften, sondern auch mit Ackerbau. Viele Gegenden Deutschlands wurden durch sie urbar gemacht, wie sie denn auch viel zum Anbau der Umgebung von Heidelberg beigetragen haben, und zwar schon zu einer Zeit, als man von der Stadt selbst noch nichts wußte. Bergl. Cramer Geschichte der Erziehung und des Unterrichts in den Niederlanden, während des Mittelalters S. 18—26. Dr. Häusser sagt in seiner Pfälzergeschichte I. S. 58: „Daß Conrad in den letzten Jahren seines Lebens sich vielfach der Klöster annahm, daß dieses aber nicht aus mönchischer Liebhaberei, sondern eher aus dem rühmlichen Streben, für den jungen Adel tüchtige Erziehungsanstalten zu schaffen, hervorgegangen sei.

2) Kaiser Friedrich I. von Hohenstaufen wurde in Italien allgemein wegen seinem rothen Barte „Barbarossa" genannt; er starb auf seinem Kreuzzuge in's gelobte Land 1189 in den Wellen des Salephs bei Salunvia. Die Geschichte Friedrich I. Barbarossa's von Professor Kortüm erzählt den Tod dieses großen Kaisers der Deutschen auf folgende Weise: Etliche Tage ruheten Ritter und Knappen, oder trieben allerlei Waffenspiel; Viele fanden Lust, in dem klaren Gewässer des Saleph die Hitze der Jahreszeit zu kühlen. Der alte Kaiser gedachte der fröhlichen Jugendjahre, und wollte nach geendigtem Mittagmahle am 10. des Brachmonats baden. — Da erschraken die anwesenden Herren und bachten an die Weissagungen Joachims, Abt in Kalabrien, und an den gewaltigen Erdstoß, welcher vor etlichen Tagen bei heiterm Himmel geschehen war; aber Niemand wagte es, die bange Ahnung laut werden zu lassen. — Der Kaiser bestieg sein Roß und eilte, von etlichen Freunden begleitet, nach den Ufern des verhängnißvollen Stromes. Alsbald zog der Greis die schwere Rüstung aus, legte das Schwert, noch gefärbt vom Blute der Ungläubigen, sammt dem andern Zeug zusammen, und sprang in den Calycadnus, um schwimmend

das jenseitige Ufer zu erreichen. — Angstvoll schaueten die Ritter auf den Meister, der Anfangs mit kräftigen Armen die Wellen durchschnitt, plötzlich aber von einem Strudel ergriffen, in der Tiefe verschwand. — Da erhob sich ein Wehklagen unter Rittern und Knappen, und Alle sprangen in die Fluth, das theure Haupt zu retten Allein das grausame Wasser forderte Todtenopfer; zwei sächsische Grafen, Ludolf und Wilbrand von Hallermund, fanden ihr Grab bei dem Rettungsversuch in den Wellen. Der Kaiser wurde endlich besinnungslos an das Ufer, und von da nach Seleucia gebracht. Endlich gelang es, den Erstarrten in's Leben zurück zu rufen; als gegen Abend die Sonne ihre letzten Strahlen entsandte, schlug der sterbende Held die Augen auf, und erblickte die Gefährten seiner Thaten stumm vor Schmerz niedergedrückt. Und dieser Anblick gab dem Kaiser Stärke, daß er die Hand seines Sohnes Friedrich ergreifen und seine letzten Worte sprechen konnte: „O Gott, hochgelobet in Ewigkeit, der du mich armen Sünder, als ich auf die Welt kam, durch das Wasser neu geboren hast, ich bitte dich, du wollest mich jetzt, gleich als durch's Wasser wieder gereinigt, zu dir in's ewige Leben nehmen! O Jesus Christ, nimm meinen Geist auf!" — Nach diesem Gebete entschlief der Kaiser Friedrich zu einem himmlischen Leben im 69. Jahre seines irdischen Wandels, am Tage St. Barnabä, den 10. des Brachmonats 1199 nach Christi Geburt.

3) Der Pfalzgraf Conrad und die Pfalzgräfin Irmengard sollen tagtäglich 7 arme Leute und an Sonn- und Feiertagen 12 derselben auf dem Schlosse gespeist haben. Sie setzten den Armen als Fürsorger den frommen Eberhard. (Siehe Leger's Führer pag 4.)

4) Kaiser Heinrich VI. war ein Sohn Friedrich I., also ein Nepot Conrad's von Hohenstaufen. — Nach dem Tode Friedrich I. 1189 wurde er zum deutschen König gewählt und 1191 in Rom vom Pabst Cölestin zum Kaiser gekrönt und starb 1198. — Ein römischer Kaiser hatte Folgendes eidlich zu beschwören: Daß er nämlich das Recht stärken, das Unrecht kränken, und das Reich schirmen und allezeit mehr und nicht minder machen wolle. (Vergl. Schwabenspiegel Nr. 95 bei Schilter.) — Es wurde nach der Einweihung des Domes zu Aachen festgesetzt, daß dieser Tempel die Hauptkirche in deutschen Landen sein sollte, und die Stätte, allwo ein deutscher König seine erste Krone empfängt. Diese ist eisern, und wurde von dem Erzbischof von Köln ertheilt, und bedeutet, daß der Kaiser und König stark und mächtig sein soll; die andere, so er empfahet

vom Erzbischof zu Mailand in der Kirche zu Monza, ist **silbern**, und bedeutet Lauterkeit und Gerechtigkeit; die dritte Krone ist **golden**, zum Zeichen, daß ein Kaiser an Adel, Tugend und Vollkommenheit alle Herren übertreffen soll, gleich wie Gold alles andere Geschmeide übertrifft. Diese Krone empfing er zu Rom vom Pabst. (Vergl. Königshoven's Chronik, S. 102, Schilterische Ausgabe.)

5) Um unseren verehrten Lesern ein vollständiges Bild der Zeit, in welcher unser Werk handelt, zu geben, hätten wir gerne die für einen jungen Mann jener Zeit merkwürdige Handlung eines Ritterschlags in dem Epos selbst näher beschrieben; doch der Gesang wäre dann größer geworden als es im Plane unseres Werkes liegt, weßhalb wir dieses hiermit durch diese historische Erklärung thun. Schon im 7. bis 8. Jahrhundert, wenn der Knabe eines edlen Herrn gleichsam aus der Kinderstube kam, wo er von den Frauen in religiösen Grundsätzen, in Andachts= übungen und dergleichen erzogen worden war, wurde der Junge größtentheils aus dem väterlichen Hause, zu irgend einem großen oder kleinen Fürsten oder begüterten Ritter gethan, bei welchem er die ersten Dienste eines Edelknaben (Junker) erlernte, die darin bestanden, den Fürsten oder Herrn zu bedienen, ihn zur Jagd oder zu Besuchen zu begleiten, sein gerüstetes Handpferd zu führen, Schild, Schwert und Lanze in Bereitschaft zu halten und wenn der Herr zu Pferde stieg, den Zaum und Bügel zu halten. — Hier lernte er Gehorsam, schweigen, dulden, nüchtern und treu sein. — Von der Frau vom Hause, überhaupt von den Damen, welche zur Familie gehörten, erhielt er die sorg= fältigste Bildung seiner Sitten und lernte in ihrem Umgang beugsam, gefällig, artig, dienstfertig und besonders voll Ehrfurcht und Ergebenheit gegen die Damen sein, welches ihm, nach dem Glauben an Gott, als die erste Pflicht eines edlen Ritters ein= gepflanzt wurde; denn die Freundschaft und Gunst einer edlen Dame wurde als das größte Glück betrachtet, und diese Gunst konnte aber nach den, dem Knaben ertheilten Lehren, nur ein frommer, treuer, tapfrer und worthaltender Ritter erlangen. In diesem Zustande blieb der Edelknabe bis in sein 14.—15. Jahr und harrte mit nicht geringer Sehnsucht auf den Zeitpunkt, wo eine so feierliche wichtige Handlung mit ihm vorgehen sollte. War nun sein bisheriges Betragen untadelhaft und seine Ge= schicklichkeit hinlänglich, so führten ihn, in diesem Alter, seine Eltern oder deren Stellvertreter in die Kirche bis vor den Altar, vor welchem der Junge, eine brennende Kerze in der Hand, dem Hochamte beiwohnte. Auf dem Altar lag ein

Schwert, welches der Priester weihte und dem Jüngling umgürtete, wodurch er ihn zu einem Wehrhaften, Reisigen machte; gewöhnlich wohnten einer solchen Feierlichkeit alle Anverwandten des ritterlichen Hauses bei. — Nun wurde er wie ein Hausgenosse behandelt und ihm irgend ein Hausamt des Fürsten oder Ritters ertheilt, er wurde mit wichtigen Botschaften, zu welchen Geschicklichkeit und Verschwiegenheit gehörten, betraut, lernte und übte sich in den schwersten ritterlichen Uebungen, geleitete seinen Fürsten oder Ritter zum Turnier, Fehde und Schlacht. Bei ersterem durfte er bei der sogenannten kleinen Probe in Gegenwart der Ritter und Damen mit dem Schwerte, der Lanze oder dem Wurfspieß seine Geschicklichkeit zeigen und bei letzterer focht er an der Seite seines Herrn. Nun nahte — gewöhnlich im 22. bis 24. Jahr — eine neue Feierlichkeit; wenn sich der Jüngling durch irgend eine wackere That bemerkbar gemacht, so wurde er zum Ritter geschlagen; doch viele Tage, eh' die Feierlichkeit vorgenommen ward, mußte er vor Kampfrichtern Proben in allen ritterlichen Uebungen bestehen. Wurde er nun der ihm bevorstehenden Ehre für würdig erkannt, so mußte er, zur Bedeutung, daß seine ganze Denkungsart stets ohne Makel sein sollte, durch Bäder sich reinigen, viele und lange Bußübungen in Rücksicht seines vergangenen Lebens auf sich nehmen und die Sakramente empfangen. Am Tage selbst legte er sein Schwert auf den Altar und wohnte dem Hochamte bei, nach welchem ihm der Priester in einer feierlichen Anrede die künftigen Pflichten seines Standes erklärte, dieselben ihm auch an's Herz legte und hierauf das Schwert segnete und es ihm zurück stellte. — Er näherte sich nun seinem Pathen oder der Dame seines Herzens, indem er sich auf ein Knie niederließ, und bat, ihm das Schwert zu umgürten. Man fragte ihn, aus welcher Absicht er in den Orden zu treten gedächte, ob es um zeitlicher Ehre und Guts willen, oder zur Aufrechthaltung der Religion und der ritterlichen Pflichten geschehe? worauf er natürlich wegen den Letzteren antwortete, welche Antwort er aber beschwören mußte. Hierauf wurde er durch Ritter oder Damen ritterlich angekleidet; man reichte ihm erst die Sporen, und zwar den linken zuerst, dann das Panzerhemd, den Küraß, die Armschienen, die Beinschienen, die Handschuhe und das Schwert, und führte ihn so ausgerüstet zu dem Ritter, der den Orden zu ertheilen hatte, und der jetzt von seinem Throne aufstieg und dem neuen Ritter mit dem flachen Schwert drei Schläge an den Hals und über die Schulter gab und dies zur Erinnerung, daß ein Ritter gefaßt sein müsse, Leid und Schmerz zu tragen und für die Religion und die ritterlichen Pflichten alles Ungemach zu dulden habe. Hierauf schwang sich der neue Ritter auf sein Roß und ein Jubelgeschrei erfüllte die Luft. — Solche Institutionen mußten den Geist des Adels erheben und ihn zu den schönsten Thaten entflammen.

Sechster Gesang.
Freud und Leid.

Der Tag zur Reise zu den Seinen war
Bestimmt, so wie auch der Besuch beim König,
Dem Haupt der Gibellinen, festgesetzt,
Zu bitten dort für den verbannten Vater.
Ach schwer nur trennten sich die Liebenden;
Die gold'ne Hoffnung bald'gen Wiedersehens,
Macht jede Scheidestunde minder trüb;
Und unter dem Gelübde ew'ger Treue,
Der Mutter Segen und des Vaters Rath,
Zog **Heinrich** fort in's ferne Vaterhaus.
O schnell ist Jeder wohl in seinem Wunsch
Nach Glück und froher künft'ger goldnen Zeit,
Doch langsam nur, für's heiße Blut der Jugend,
Der Schnecke gleich, kriecht die Erfüllung, wenn
Dieselbe je auch kommt, für uns einher. —
Nach Jahresfrist kam ein Vergleich zu Stande
Zwischen dem König und dem Welfenstamme,
Nachdem der Löwe seinen jüngsten Sohn
Lothar als Geisel stellen mußt', indeß
Der Aelt're mit dem Gibellinenhaupt
Zur Kaiserkrönung hin nach Rom sollt' ziehen;
Dafür hatt' ihm die Wiedereinsetzung
Der König heilig auch versprochen und
Der junge Fürst zog nun mit fünfzig Rittern

Mit König Heinrich fort nach Rom, wo
Er treulich zu der bald'gen Krönung wirkte,
Die sein Verwandter Coelestin, der Pabst,
Bei dem Gelöbniß nur vollzog, daß dann
Der Kaiser auch den Sachsen-Herzog schnell [1]
Restituire; — doch der Kaiser war
In solchen Sachen sehr vergeßlich gern
Und hielt den Welfen ihr Versprechen nicht.
Solch' falsches Thun empörte Heinrichs Herz,
Er floh mit den Getreuen fort aus Rom,
Der Heimath zu, um durch der Waffen Macht
Zum günst'gen Ziele zu gelangen — und
So viel sich auch der Kaiser mühte, um
Die Flücht'gen wieder zu erlangen, sein
Bemühen blieb zu Heinrichs Wohl ohne
Erfolg, denn glücklich kam er in die Heimath
Und rüstete auf Leben oder Tod
Zum blut'gen Kampfe mit dem Kaiser sich.

Schon waren Jahre wieder hingeschwunden
Seit dem Verlobungsfest Agnesens und
Die Rosen ihrer Wangen wurden weiß,
Der Kummer bleichte sie. Vergebens suchte
Die Thränen sie zu bergen — ach, sie fielen
Schwer auf das arme Herz. — Die Mutter gab
Durch sanften Trost der Hoffnung Balsam ihr.
O, eine Mutter fühlt des Kindes Schmerzen,
Sie trug es ja einst unter ihrem Herzen!
Mit kummervollem Blick sah auch der Pfalzgraf
Die Kluft, die zwischen Welf und Gibellinen
Sich immer weit und weiter dehnte aus
Und abermals in ihren Schreckensschlund
Der Opfer neue zu verschlingen drohte.
Des armen Kindes still genährter Schmerz
Ergriff wohl auch des Vaters männlich Herz;

Er hatte über Mittel nachgedacht,
Wie wohl der Schlag von seinem Haus zu wenden
Und schlaflos manche lange, lange Nacht
Durchwacht und konnte doch kein solches finden.
Da sandte er den Rhein hinab die Frauen
Gen Bacharach, nach Staleck in die Burg
Der alten Pfalzgrafen bei Rhein, um daß [2]
Veränderung der Luft und Gegenden
Der lieben Tochter trüben Sinn zerstreue.
Zu Schiffe fuhren nun die Frauen mit
Gefolg den prächt'gen deutschen Strom hinab,
An Mainz vorbei, wo sich der schöne Main
Mit seinem kräft'gern Bruder Rhein verbindet,
Der Römer altes Magontiacum, [3]
Vorbei am sagenreichen Mäusethurm [4]
Und durch das Bingerloch, des Rheines böse
Charybdis noch in jener frühern Zeit, [5]
Dann weiter noch hinab, wo beide Ufer
So reich geschmückt mit Kirchen und mit Burgen,
Zur festen Pfalz, wo sie der Ruhe pflegten. [6]
D'rauf kamen sie nun glücklich an bei Bacharach,
Wo dann die Schiffe landeten, und Alle
Die Frauen und ihr Hof nebst dem Gefolge
Stiegen zur Burg von Staleck nun empor.

Doch wenden wir den Blick zur Burg
Von Heidelberg und zu dem Pfalzgrafen,
Den wir, wie früher schon erzählt, wieder
Auf seinem Söller finden, ihm zur Seite
Den treuen, frommen Eberhard; doch ach!
Sein Antlitz blühte nicht mehr wie vor Jahren,
Sein Haupt, es war gebeugt, sein Haar gebleicht
Von Sorgen, die in Hütten wie auf Thronen,
Beim Bettelmann wie bei dem Fürsten wohnen.
Der Frühling lachte rings und schmückte neu

Die Erde mit dem schönen Blumenkleide
Und weckte überall die Lust und Freude.
Auch Conrad gab der Hoffnung neuen Raum,
Daß er aus diesen wirren Schlanggewinden
Doch endlich einen Ausweg würde finden. —
Da kam den Römerweg herauf ein Bote
Des Kaisers, kennbar an dem Wappenschild
Auf seiner Brust. Kaum war er in der Burg,
Verlangte schon Gehör er bei dem Herrn,
Um Wichtiges zu künden, Wichtiges
Vom Kaiser und dem Reich. — „O Gott, mein Herr,
Was werd' ich hören? ach mir ahnt' nichts Gutes!"
So seufzte Conrad nun und ging, den Boten
Des Kaisers zu empfangen. Lange sprachen
Nun Beide bei verschloßner Thür, bis bald
Darauf der Bot', nach eingenomm'nem Mahl,
Entfernte sich. Der Pfalzgraf aber rief
Den Freund und Priester, seinen Eberhard,
Und sprach mit kummervollem Blick: „O Mann,
Nun rathet, was zu thun; der Kaiser will —
Bei seinem Zorn gebeut er mir — daß ich
Mein Kind, mein theures Kind, dem König **Philipp**
Von Frankreich zur Gemahlin geben soll, —
Ach! Ihm, dem zweiten Philipp, der berüchtigt
Durch seine viel verruf'nen Eh'geschichten,[7]
Ihm soll ich geben nun mein Kind, so will's
Das Wohl des Reichs — so sagt der Kaiser — und
Ich stellte mich gehorsam seinem Willen.
Ich alter Mann mußt' Anders reden als
Mein Herz es denkt. Ach! Eberhard, dieß schmerzt!
O Welt, o Welt! Das hochgeprief'ne Glück
Der Mächtigen der Erde ist leider oft
Nur eitel Flittergold, denn in dem Busen,
Da ruht manch and'res Bild als das, was Zwang
Und Convenienz dem Mund gebeut zu künden.
Der Bote ist nach Speier und kommt er wieder,

Eilt er den Rhein hinab nach Staleck hin,
Zu bringen diese Kund', indeß ein and'rer
Von mir gesandter Bot' dem Kaiser sage,
Daß ich vollbringe, was sein Wort befiehlt. —
Was nun, mein Eberhard, was ist zu thun?" —
„Was hier zu thun, mein hoher Herr, ist das,
Daß Ihr den Boten aufzuhalten sucht,
Indessen ich, so schnell ich kann, nun eile,
Der Pfalzgräfin zu geben meinen Rath,
Der Alles — wenn Ihr es erlaubt — beendigt,
Und zwar zu Eurem und der Euren Wohl!"
So sprach der Priester, und der Pfalzgraf gab
Ihm nun die Hand und sagte: „Thut, was Euch
Das Beste dünkt, ich gebe Vollmacht Euch,
Zu thun in dieser Sache wie Ihr wollt;
Nur führt sie glücklich aus. — Versteht Ihr mich,
Zu meines Kindes Glück!" „So sei es!" sagt'
Der Priester, eilte fort, und bald darauf
Sah man ihn schon dem Rheine zu sich wenden.
Der Pfalzgraf jetzt verließ sich auf die Klugheit
Des vielbewährten frommen Mannes fest.
Den andern Tag schon kam der Bot' zurück
Und bracht' französ'sche Ritter mit, Gesandte
Von ihrem Herrn, dem König Philipp mit,
Zu werben um Agnese, Conrad's Tochter,
Der Pfalzgräfin bei Rhein; und festlich auch
Empfing der Pfalzgraf sie, bewirthete
Sie herrlich und versprach, wenn's möglich wär,
So sollt' geschehen wie der König wünschte.
Er hielt mit Festen ein'ge Tag' sie auf,
Dann eilten sie und auch des Kaisers Bote
Den Strom hinab zur alten Pfalz am Rhein.
Ein and'rer Bote eilte zu dem Kaiser. —
Der Pfalzgraf aber wartete mit Angst=
Erfüllter Brust auf einen Boten, der
Bericht ertheilt', wie Eberhard den Fall

Geschlichtet. — Noch war eine Woche kaum
Verflossen, sieh' da kam, mit Staub bedeckt
Der kaiserliche Bote an, ließ melden
Sich und rief: „Verzeiht, o hoher Herr! daß ich
Es wag', in diesem Aufzug zu erscheinen
Vor Euch. Doch, Herr, des Kaisers Majestät
Und Ihr seid schändlich hintergangen; denn
Als ich und die Gesandten König Philipps
Nach Staleck kamen und berichteten,
Was Ihr und Kaisers Majestät befahlt,
Da sagt man uns: „es wär' zu spät, denn sie,
Die Pfalzgräfin Agnese, sei vermählt
Schon vor zwei Tagen mit dem jungen Welfen,
Dem Herzog Heinrich, Sohn vom Sachsen Löwen.⁸
Beschämt nun eilten fort wir aus der Burg,
Die Fremden heim, ich her zu Euch und dann
Zu Eurem kaiserlichen hohen Neffen,
Das Unerhörte zu berichten, daß
Er thue, was zu thun für recht er findet." —
Mit Mühe konnt' der Pfalzgraf nur verbergen
Des Herzens laute Freude. Er schwieg und winkte
Zum Abschied, was der Bot' für Zorn genommen,
Und sich entfernte, fort zum Kaiser eilte. —

———

Den andern Tag, da kam ein großer Zug
Den Berg herauf zur Heidelberger Burg.
Das junge Eh'paar war's mit Irmengard,
Der Pfalzgräfin, nebst Eberhard, dem frommen
Und treusten Freund und Diener seines Herrn.
Als er vor Kurzem noch von Heidelberg
Geschieden, eilte er in's Hessenland,
Wo Heinrich weilte, wie er längst gewußt;
Und beide flogen schnell nach Staleck hin,
Denn 's galt ja einen hohen, theueren Preis. —

Die Feder schweigt hier, statt der Tinte
Müßt' sie in Feuer sich tauchen, sollte sie
Die Seligkeit und Wonne all' beschreiben,
Die nun das edle Brautpaar nach so langer,
So vielgetrübter Zeit empfunden. — Noch
An jenem Abend, als der gute Priester
Nach Staleck kam, da segnete er stille
Die Liebenden zum ew'gen Bunde ein.
Der Bote und die Fremden fanden sie
Beseelt von Einem Geist, dem Geist der Liebe,
Als Mann und Frau, ein Herz und eine Seele,
Vereint für's Leben, bis einst Gott sie trennt.

———

Nun war ein Jubel in der Burg und Stadt
Und viele Tage reiht' sich Fest an Fest.
Der Pfalzgraf selbst lebt' wieder munter auf
Und sonnt sich an der lieben Kinder Glücke.
Der Kaiser tobte zwar, als er's vernommen;
Doch konnt' Gescheh'nes er nicht ungeschehen —
So gern' er's wollte — wieder machen und
Er nahm das unerwünschte Bündniß nun [9]
Als Zeichen der Versöhnung beider Häuser. [10]
So zeigte sich auch hier der Spruch bewährt:
„Verzage nicht, wenn dich das Unglück drückt,
Sei übermüthig nicht, wenn du beglückt;
Denn, wer nur fest auf seinen Gott vertraut,
Der hat auch jeder Zeit auf Fels gebaut."

———

Ein Jahr war neuerdings verflogen, seit
Man feierte die Vermählung von Agnesen.
Der neue Klosterbau in Heidelberg,
Der für die frommen Priester Neuenburgs

Bestimmt, war nun vollendet und bezogen.
Da kamen Frauen her von Nah' und Fern
Nach Neuenburg in's Kloster, das der Pfalzgraf
Gestiftet, und die Tochter Kunigunde
Ward nun die erste Abtissinn daselbst;
Hiermit war auch der ält'sten Tochter Wunsch
Erfüllt. — Ein großes Fest war der von ihr
So heiß ersehnte Tag der Einkleidung.
Und lange war das Stift ein heil'ger Ort,
Wo fromme Frauen sich nur Gott und der
Erziehung edler junger Mädchen weihten.[11]
O selig der, der suchet seine Stärke
In Lieb zu Gott und gottgefäll'gem Werke!
Kaum war das Fest der Einkleidung vorüber,
So fühlte sich der Pfalzgraf krank, sehr krank.
Man brachte ihn, nach seinem Wunsche, schnell
Zur Heidelberger Burg, wo Eberhard
Ihm gab die letzte Oelung und zur Beicht'
Ihn hört', mit Gott versöhnte ihn, und dann
Den Leib des Herrn im Abendmahle reichte.
Als diese Handlung Eberhard beendigt,
Rief Conrad all' die Lieben um das Lager
Zu sich und sprach dann zu den Weinenden:
„Ich suchte die, o Herr! Die deine Weisheit
Auf Erden meiner Obhut anvertraut,
So viel in meinen Kräften, zu beglücken;
Hab' ich den Weg verfehlt, verzeih' und nehm'
Den guten Willen für die schwache That! —
O trocknet sie, die Thränen Eurer Sorgen,
Wir werden uns einst Alle wiedersehn;
Denn Grabesnacht ist heller Frühlingsmorgen,
Wenn wir zum Vater in die Heimath gehn.
Ich danke Gott, daß er mir Dich erhalten
Bis zu dem Ende meiner Lebensbahn,
Du edles Weib, Du treue Irmengard!
Ich dank' Euch Allen, die ihr hier vereint

Und bei der Trennung nun so bitter weint,
Kurz ist sie nur, aber das Wiedersehen
Wird ewig sein, dort in den Himmelshöhen!" —
Hier schloß der Greis die matten Augen zu,
Der Geist entfloh zur ew'gen Himmelsruh'. —

Historische Erklärungen des sechsten Gesanges.

1) In der Geschichte der Rheinischen Pfalz berichtet Dr. Häusser I. 61—62: „Bei der Kaiserkrönung war er (Heinrich der Welfe) anwesend und mitwirkend, denn der neue Pabst Cölestin war ein Verwandter der Welfen und krönte Heinrich VI. nur unter der Bedingung, daß er den Herzog von Sachsen, Heinrich den Löwen, restituire. Der Kaiser aber erfüllte die Bedingung nicht.

2) Auf Staleck bei Bacharach hausten früher die Pfalzgrafen, zuletzt der unglückliche Hermann von Staleck, wie wir weiter oben berichtet haben.

3) Unter den fünfzig Festungen oder Castellen, welche Drusus am Rhein aufführen ließ, war Mocontiacum bei weitem der wichtigste Platz, da er die Verbindung zwischen den Städten Ober- und Niedergermaniens vermittelte und den Schlüssel der römischen Besitzungen in diesen Gegenden bildete. Dorthin legten die Römer ihre tapfersten, in vielen Kriegen erprobten Legionen, z. B. die berühmte **vierzehnte**, welche man als die Erbauer von Mainz betrachten muß. Vergl. André Geschichte von Mainz.

4) Die Sage vom Mäusethurm, wegen den zahllosen Mäusen, die den bösen Bischof Hatto dahin verfolgt haben sollen, ist eben nur eine Sage, welcher auch der entfernteste historische Grund fehlt. Nach Vogt und Andern wurde dieser Thurm unter Erzbischof Hatto, nach Bodmann aber erst unter Erzbischof Siegfried II. im 13. Jahrhundert erbaut, sein eigentlicher Name ist weder Mäuse- noch Mauthurm, wie Letzteres von mehreren Geschichtforschern angenommen wird, sondern Musthurm, d. h. ein fester Thurm, Festungsthurm, von Mushaus, welches im Mittelalter ein befestigtes, zur Gegenwehr eingerichtetes, mit starken Mauern, selten aber mit Wall und Graben versehenes Haus bezeichnet, wie sie der Adel auch oft

in Städten und Flecken erbaute. Mus oder Muß hieß Waffe, und ist noch in dem Worte Muskete gebräuchlich. Der Thurm war übrigens noch im dreißigjährigen Kriege mit Garnison versehen.

5) In früheren Zeiten, wo theils der Zahn der Zeit die Felsen des Rheins noch nicht so benagt, theils die Kunst dieselben, welche der Schifffahrt so schädlich, noch nicht gesprengt hatte, mag das Bingerloch sehr gefährlich gewesen sein, jetzt liegt seine Gefahr nnr noch — wie bei dem Donaustrudel — in den aus früherer Zeit zu uns gelangten Sagen.

6) Die Pfalz ist ein altes festes Schloß im Rheine, wo in alten Zeiten, als der Sitz der Pfalzgrafen noch in Staleck war, viele Pfalzgräfinnen ihre Niederkunft halten mußten.

7) Kaiser Heinrich VI., sanften Regungen fremd, dachte schon daran, sie (Agnese) seiner Politik zum Opfer zu bringen, und sie an König Philipp II. von Frankreich zu vermählen, der Pfalzgraf hatte seine Einwilligung versprechen müssen; aber die Mutter fühlte wenig Muth, ihre Tochter einem Manne hinzugeben, dessen Ehegeschichten ihn weithin berüchtigt gemacht hatten. (Vergl. Häusser's Geschichte der Rheinpfalz I.)

8) Der gleiche Geschichtschreiber berichtet im I. Band pag. 60 seines benannten Werkes: „Agnese bewahrte eine treue Anhänglichkeit an den Verlobten ihrer Jugend, Heinrich den Welfen, und als die Mutter des Kaisers Willen der Vermählung Agnesens mit König Philipp II. von Frankreich hörte, ließ sie Heinrich zu sich bescheiden und augenblicklich in Staleck die Ehe zwischen Beiden vollziehen; dieses geschah im Frühjahr 1194.

9) Im gleichen Werke wird erzählt I. 60: „Auch der Kaiser, erst heftig erbittert, konnte Geschehenes nicht ungeschehen machen, und zog es vor, die unerwünschte Verbinduug mit den Welfen entgegen zu nehmen. — So ward Frieden gestiftet zwischen den feindseligen Familien und die rheinische Pfalzgrafschaft kam an einen welfischen Fürsten, den Sohn Heinrich des Löwen."

10) Das Benediktiner Kloster, Stift Neuburg oder Neuenburg, wie es auch öfters benannt wurde, liegt eine halbe Stunde von Heidelberg jenseits des Neckars und wurde von Conrad von Hohenstaufen auf Veranlassung seiner Gemahlin Irmengard anno 1195 in ein adeliges Frauenkloster verwandelt; er verordnete, daß in demselben adelige Mädchen erzogen und gebildet werden sollten und seine Tochter Kunigunde ernannte er zur ersten Äbtissin dieses Klosters. (Vergl. Wunds Geschichte Karl

Ludwigs XVI., S. 82 bis 104.) Auch ein anderer berühmter Historiker sagt: „Ueber 300 Jahre zeichnete sich dieses Stift durch strenge Zucht und musterhafte Sitten vor allen andern Klöstern aus und viele Jungfrauen gingen zum häuslichen Glücke wohlgebildet aus diesen heiligen Mauern hervor"

11) Dr. Leger berichtet in seinem Führer: „Hier auf dem hohen Felsenschlosse Heidelbergs starb auch der große Pfalzgraf 1195 im 8. Tage des Windemonats im 69. Jahre seines Lebens und wurde in der Kirche der eine Meile Wegs von hier in einem stillen Wiesenthale des Odenwaldes gelegenen Cisterzienser Abtei Schönau begraben." — Hier ruhten auch schon seine ihm dahin vorangegangenen Söhne und hierher wurde auch später seine treue Gemahlin Irmengard im Jahr 1197 an seine Seite gelegt. — Kurz vor Pfalzgraf Conrad's Tode starb auch Heinrich der Löwe, seines Schwiegersohnes Vater, und dieser, Heinrich der Welf, auch wegen seiner Größe der Lange genannt, erbte nun das Herzogthum Braunschweig und die Pfalzgrafschaft am Rhein. — Seine Gattin Agnes gebar ihm einen Sohn „Heinrich den Jüngern", und zwei Töchter: Irmengard und Agnes, — doch starb deren Mutter, Agnese, Pfalzgräfin bei Rhein, schon nach einer zehnjährigen glücklichen Ehe im Jahre 1204. Herzog Heinrich trat nun die Pfalzgrafschaft seinem Sohne Heinrich dem Jüngern ab, welcher aber nach einer sehr kurzen Regierung den 2. Mai 1214 starb. Seine hinterlassene Wittwe war Mathilde, eine Tochter Herzogs von Brabant, welche sich wieder mit einem Grafen von Holland vermählte und die Mutter des nachmaligen Gegenkönigs „Wilhelm wurde. — Was die Töchter Irmengard und Agnes betrifft, so werden wir denselben im folgenden Gesange gedenken.

Siebenter Gesang.

Schlußwort.

Es töne voll der goldnen Lyra Saiten,
Die Thaten zu besingen hoher Geister
Oder zu klagen über menschlich Leiden.
Ein kräftiges Geschlecht des Schyrenstammes,

Es zieht in's Heidelberger Schloß und herrscht
Jahrhunderte in diesem schönen Land
Der Pfalz, in Licht- und trüben Tagen,
Bald Freuden und bald Trübsal bringend,
Wie's wechselvoll die Laun' der Zeit gebeut.
Heinrich der Welf, des Löwen Sohn,
Lebt' längst in Braunschweig, seinem Herzogthum;
Und seine Gattin — jene Wunderblume,
Die einst so lieblich auf dem Gaisberg prangte,
Sie ruhte nun in Schönau's Todtenhallen; —
Es war verwelkt, in Moder längst verfallen
Des Busens Fülle und der Wangen Roth!" —
Ihr einz'ger Sohn, Heinrich der Jüng're, tobt;
Doch herrlich, wie die Mutter einst geblüht,
So blühten ihre Töchter Irmengard
Und Agnes; — beide weinten herbe Thränen
Der früh' geschied'nen Mutter nach
Und einsam trauernd blickte nun in's Thal
Die Frankenburg hoch auf des Gaisbergs Felsen.
Wie einst die alten sal'schen Kaiser sich
Die Hohenstaufen zogen aus dem Stamm [1]
Der Schwaben zu des Reiches Fürsten auf,
So zogen diese wieder in den Schyren —
Den Enkeln Carl des Großen, welcher einst [2]
Der Stifter des Germanen Kaiserreichs
Gewesen ist — ein mächtiges Geschlecht,
Erhoben es auf Bayerns Herzogsthron,
Den Diese zwar in frühern Zeiten schon
Besaßen, aber durch des Schicksals Schluß
Und Welfen Macht verloren wieder ging,
Doch nun, da Letzt're in des Reiches Acht, [3]
Wurde belehnt der Schyrenstamm damit,
Und kam zurück in's alte Heimathland.
O, trüber Lauf der wechselvollen Zeit,
Daß nur des Einen Fall des Andern Größe
Und Macht dauernd bezwecken konnte.

So wechseln stets Geschlechter mit Geschlechter,
Das Eine sinkt, das Andre steigt empor,
Was ist das Leben denn noch mehr als nur
Ein Kommen, Gehen, ein mit Nebel stets
Umhüllter Eintritt und ein lichtbewußtes,
Oft schmerzvoll bittres Scheiden von den Seinen.
Und wer erklärt und bürgt das Wiedersehen?
Du bist es, heil'ger Trost, von Gott gegeben,
Du Religion, erhab'ne Himmelstochter,
Die ahnungsvoll im eblen Menschen thronet
Und durch's Bewußtsein jede Tugend lohnet. —
Der Hohenstaufen zweiter Friederich
Belehnte Bayerns Ludwig mit der Pfalz.[3]
Die Treue — eine Tugend, die den Pfälzern
Durch lange Zeiten eigen — band diese noch
An Heinrich, ihrem alten Herrn, der fern
In seinem Herzogthume thronte
Und selten nur die Burg am Neckarstrande,
Der sel'gen Gattin Heimathsland, besuchte.
Und Ludwig selbst, der eble Bayernfürst,
Der Held, dem Friedrich manches Große dankte,[4]
Sah ein, daß Herzog Heinrich gutes Recht
Nicht mit dem seinen in die Schranken durfte,
Deßhalb ersann er auch ein Auskunftsmittel
Und dachte, seinen Sohn mit Heinrich's Tochter
Nun zu vermählen, doch sich selbst nur sah
Als den Verweser er des Landes an.
Die jüng're Tochter, die aus Heinrichs Ehe
Entsprossen, hieß Agnese, wie die Mutter;
Sie wählte Otto der Erlauchte dann,
Ein Sohn von Ludwig, Bayerns großem Herzog,
Sich zur Gemahlin aus, weßhalb die Pfalz
Zum Fürstenhaus der Wittelsbacher kam,
Das Heidelberg zu seinem Sitz behielt.
Die ältre Tochter Irmengarde doch
Erwählte Markgraf Hermann, der ein Fürst

Der Zähringer, zur Gattin sich, wodurch
Agnes, die Tochter Pfalzgraf Conrads, nun
Die Stammmutter der hochberühmten Fürstenhäuser
Von Bayerns und von Badens Herrschern wurde.⁵
So ward Heidelberg zur Stadt erhoben,
So lebt' und starb Konrad von Hohenstaufen,
So kam die schöne Pfalz zu Wittelsbach,
So ist der Weg des Schicksals wunderbar
Verworren oft von Einzeln und Geschlechtern,
Von Städten, ganzer Länder, großer Reiche. —
Laß' Deinen Segen, Ew'ger reichlich walten,
Fort über uns'rer schönen Musenstadt,
Laß' blühen stets, gedeihen und erhalten,
Was sie Jahrhundert durch erworben hat,
Des Wissens und der Künstle edle Früchte,
Des Bürgerthumes reiche Industrie,
Die Lieb' zur vaterländischen Geschichte,
Zur Wahrheit und zum Recht erkalten nie! —

Historische Erklärungen des siebenten Gesanges.
Schlußwort.

1) Die Burg Hohenstaufen hat der Verfasser dieser Schrift in seinen Jugendjahren öfters erstiegen und sich an der köstlichen, weit ausgedehnten Aussicht, die man von derselben genießt, erlabt. Sie liegt auf der Spitze eines ungefähr 2000' über dem Meere liegenden, kahlen, kegelförmigen Berges der rauhen Alp. — In der Nähe Hohenstaufens, ungefähr eine Stunde von demselben entfernt, liegt der hohe Rechberg mit seiner schönen Wallfahrtskirche, welche seinen Scheitel krönt. Eine steinerne Brücke verbindet diesen hohen Berg mit einem kleineren, auf welchem das alte Stammschloß der Grafen von Rechberg gestanden, das aber vor einigen Jahren bis auf mehrere Mauern abbrannte. Im Jahr 1079 hat der Graf Friedrich von Büren die Hohenstaufen-Burg erbaut, von welcher nun nur noch wenige Mauerreste und das weiter unten, bei dem Dorfe Hohenstaufen, gelegene alte Kirchlein übrig sind. — Es

war der gleichnamige Vater des Erbauers von der Veste Hohenstaufen, ein kühner Ritter, und besaß am linken Ufer des Remsflusses, unweit der alten Stadt Schwäbischgemünd, die Veste Büren, das Erbe unbekannter Ahnen. Diese Veste war noch in der Jugend des Verfassers ein kleines, unter dem Namen „Bürenschlößchen" von einem Förster bewohntes Gebäude. Der Förster entdeckte einst ein Gewölbe und als er dasselbe öffnete, fand er in einem eisernen Kasten eine Menge von Pergamentrollen, an denen zum Theil große Gyps-, zum Theil Wachssiegel hingen; der unkundige Forstmann achtete nicht darauf und gab die Pergamente seinen Kindern zum Spielen, die sie zerschnitten. Welcher reiche Schatz für die Geschichte mag in diesen Pergamenten enthalten gewesen sein?! — Der nun längst verstorbene Stifts-Dekan Messerschmidt in Gemünd hörte zufällig durch einen Landmann aus Reibrechts von diesem Fund, und konnte von all' gefundenen Dokumenten nur noch eines retten, welches er in das Archiv nach Stuttgart sendete. Friederich, der Erbauer der Burg Hohenstaufen, war an dem Hofe Kaiser Heinrich IV. und gewann durch Tapferkeit wider die Feinde und Leutseligkeit gegen die Freunde, solchen Ruhm, daß er als Graf reich begabt heim kehrte und die Veste „Hohenstaufen" zu bauen begann, deren Namen sich fortan die Familie Büren aneignete. Während die Brüder frühe starben, hat Graf Friederich, in den Jahrbüchern der schwäbischen Landen „der Alte" zubenannt, die Herrlichkeit seines Hauses täglich gemehrt und endlich außerordentliche Ehren errungen. Anlaß dazu gab der furchtbare Kampf zwischen dem fränkisch-salischen Geschlecht, aus welchem Kaiser Heinrich IV. stammte, und dem Welfischen, dessen wir weiter oben gedacht.

2) Wie wir schon weiter oben erzählt, so kam Heinrich der Löwe 1182 in die Reichsacht und fand bei seinem Schwiegervater, dem König von England ein schützendes Asyl. (Vergl. Dissertatio de Friederico I. in Wegelins: Thesaurus rerum Suevecarum tom II. pag. 324.

3) Nach dem Tode des Pfalzgrafen Conrad folgte ihm seiner Erbtochter Gemahl, Heinrich der Welfe, weiland Heinrich des Löwen Sohn und älterer Bruder Kaiser Otto's IV. nach; und hielt seinen Hof in der alten Burg auf dem kleinen Gaisberg. Als aber Herzog Heinrich im Jahr 1211 die Pfalzgrafschaft seinem Sohne Heinrich dem Jüngern abgetreten und sich in sein väterliches Erbland Braunschweig zurückgezogen hatte, endlich auch dieser sein einziger Sohn im Jahr 1214 gestorben

und in Schönau begraben war, sah Kaiser **Friedrich II.** die Erzpfalzgraffschaft als erledigt an und verlieh sie dem um seine Krone hochverdienten Herzog **Ludwig I.** von Bayern, aus dem Stamme der Schyren, die man damals von **Wittelsbach** nannte. Als aber Herzog Ludwig in eben diesem Jahre 1214 mit einer großen und prächtigen Begleitung von Rittern gegen Heidelberg zog, um von dieser Pfalzgraffschaft Besitz zu nehmen, da wurde er mit seinem ganzen Gefolge von Pfälzischen Edlen, Bürgern und Dienstmannen Heinrich des Welfen, die treu und fest ihrem vertriebenen Erbherrn **Heinrich** anhänglich waren, gefangen genommen und in die Abtei Schönau gebracht, wo sie sich durch schweres Lösegeld befreien mußten. — Später aber waren die Pfälzer den Wittelsbacher Fürsten, die sie liebten, eben so treu, wie früher den Welfen. (Siehe Leger's Führer.)

4) **Friedrich II.** von Hohenstaufen schätzte den Herzog **Ludwig** non Bayern überaus hoch; denn derselbe hatte als Heerführer dem Kaiser und dem Reiche die größten Dienste geleistet, weßhalb ihn auch der Kaiser nach dem Tode Heinrich des Jüngern mit der Rheinpfalz belehnte, die wie oben berichtet aber erst dessen Sohn **Otto der Erlauchte**, nach der Vermählung mit der jüngern Tochter Heinrich Welfs von Braunschweig, als eigenes Land übernahm.

5) Siehe 14. Anmerkung des zweiten Gesanges, wo die Abstammung des hohen Geschlechtes der Wittelsbacher von Carl dem Großen näher bezeichnet ist.

Die alte Burg Heidelberg auf dem kleinen Gaisberg
oder
die heutige Mollenkur.

Siehst du die zackigen Berge des Harbtes,
Siehst du die Schlösser, verfallen in Trümmer,
Früher der Stolz von gewaltigen Großen?
Siest du die Villa von Ludwig so herrlich
Glänzen im goldenen Lichte der Sonne?
Sie ist ein Denkmal erhab'nen Kunstsinn's
Eines unsterblichen Königs der Bayern. —
Irdische Größe zerfällt wie der Körper
Menschlichen Leibes in modernden Staub;
Ewig doch waltet die Größe der Seele
Nimmerwelkender Thaten des Geistes
In dem unsterblichen Buch der Geschichte. —
Siehst du die Städte von Spei'r und Worms mit
Mächtigen Domen sich spiegeln im Rheine,
Einstens der Salinger stolzeste Wiegen? —
Alles verfällt in dem Wechsel der Zeiten;
Aber noch wälzt seine flüchtigen Wellen
Liebend der Rhein und der Neckar von bannen,
Reichlichen Segen verbreitend dem Landmann,
Nährend die Felder, den Handel und Wandel
Zahlreicher Länder bis hin nach dem Meere.
Siehst du die Stadt von den Mannen, vom Rhein und
Neckar so liebend umschlungen? ein Zeuge
Blühenden Handels im Badischen Lande.

Alles dies, was wir nur immer gedacht,
Siehet dein Aug nun in herrlicher Pracht
Hier an der Stell', wo das Schloß einst gethront,
Jetzt aber Ruhe und Gastlichkeit wohnt.

―――

In dem Vorhergehenden hat es der Verfasser dieser Schrift versucht, den verehrten Lesern ein Bild der zweiten Hälfte des XII. Jahrhunderts vorzuführen, in welcher Zeit durch einen mächtigen Fürsten — dem Bruder des in der Geschichte ewig lebenden deutschen Kaisers Friedrich I., Barbarossa von Hohenstaufen — das kleine Fischerdörfchen „Heidelberg" aufblühte und sich endlich zur Mauer umschlungenen Stadt erhob.

Das Schloß aber, in welchem größtentheils die erwählten Begebenheiten handelten, von dem durch die Sorgfalt des dermaligen Grundbesitzers, Herrn Wagner, die wenigen Ueberreste erhalten wurden, verdient noch eine Besprechung, weßhalb wir hier über die weitern Schicksale desselben noch einen kleinen Anhang zu dem Werke über Heidelbergs Entstehung anfügen wollen.

Wir haben schon in der Einleitung unseres Buches über den Römerweg, welcher von dem Neckar zu dem ehemaligen Castell des kleinen Gaisbergs führte, berichtet und erzählt, wie Letzteres nach aller Wahrscheinlichkeit von den Siegern über die Allemannen, den Franken, — 499 und 500 — gleich der über dem Neckar gelegenen Abrinisburg zu einem Schlosse umgewandelt wurde, so wie später unsere heutige Musenstadt den Namen Heidelberg erhielt. Es bleibt uns deßhalb nur noch übrig, zu erzählen, daß nach Conrad von Hohenstaufen und dessen Schwiegersohn, Heinrich dem Welfen, des Letzteren zweite Tochter Agnese*) mit Otto dem Erlauchten, Herzog von Bayern, sich vermählte, welcher auf der Heidelberger Burg wohnte und hier oft von seinem Vater Ludwig I. dem Großen, besucht wurde, 'auch hier den meuterischen König Heinrich, Sohn Friedrich II. von Hohenstaufen, längere Zeit

―――

*) Die älteste Tochter Heinrich d. Welfen Irmengarde vermählte sich mit Markgraf Hermann von Baden und war die Stifterin des Kloster Lichtenthals. Diese beiden Welfentöchter sind Ahnfrauen des Bayerischen und Badischen Fürstenhauses, wie bereits im siebenten Gesang berichtet.

gefangen hielt.*) Auf diesem classischen Boden wurden Otto dem Erlauchten zwei Söhne in Ludwig II. und Heinrich geboren, welche Söhne sich in den Nachlaß des Vaters theilten.

Ludwig II., der Strenge genannt, hatte bei manchen großen Fürstentugenden einen heftigen, aufbrausenden Charakter, in dessen Folge er in blinder Eifersucht seine erste Gattin Marie von Brabant 1256 unschuldig in dem Schlosse zu Donauwörth enthaupten ließ. Wiewohl den leidenschaftlichen Fürsten nun Reue und tiefer Gram erfaßte, so konnte er Geschehenes nicht ungeschehen machen. Er vermählte sich zum zweiten Male mit Anna, Tochter des Herzog Conrad von Glogau 1260, welche aber schon 1271 wieder starb.

Kurfürst Ludwig II. war es, der nach dem großen Interregnum seine Kurstimme dem größten Helden jener Zeit, Rudolph von Habsburg gab, und dadurch für diesen entschied, daß derselbe zum Reichsoberhaupt erwählt wurde, was Ludwig sogleich feierlichst verkündete; deßhalb gab ihm Rudolph auch seine schönste Tochter Mechtilde zur Gemahlin, welche nun ihrem Gemahl 1274 Rudolph den Pfälzer und 1286 Ludwig den Bayer geboren, die die beiden Aeste des Schyrenstammes, der Pfalz und Bayern sind, wovon Letzterer im Jahr 1777 am 30. December mit dem Kurfürsten Maximilian Joseph von Bayern erlosch und durch Carl Theodor, Kurfürsten von der Pfalz, mit dieser nach 448jähriger Trennung wieder vereinigt wurde.

Im Jahr 1278 verheerte das Schloß zugleich mit der Stadt eine schreckliche Feuersbrunst. — Nach der Herstellung seiner Pfalz starb Ludwig II. im Jahre 1294. Dem ältesten Sohne Ludwigs, Rudolph dem Pfälzer, scheint die Burg auf dem kleinen Gaisberg zu enge geworden zu sein und er baute sich eine Neue weiter herab gegen die junge Stadt, auf dem Jetta-Bühel.

Nun wurde die alte Burg auf dem kleinen Gaisberg zur Aufbewahrung von Kriegsbedürfnissen benutzt und stand zwei Jahrhunderte verlassen da, bis unter Ludwig V. 1537, am Tage St. Markus, Mittags um 3 Uhr der Blitz in die Burg schlug, wodurch sich das daselbst aufbewahrte Schießpulver entzündete, was eine solche Erschütterung verursachte, daß die Berge erbebten und unten in der Stadt selbst die Thorflügel aus ihren

---

*) Der entsetzte König Heinrich kam später als Gefangener über den Rhein in die Veste Alzei, von wo er, auf Befehl des Kaisers, nach Conzenza und von da nach Martorano gebracht wurde, wo er 1242 starb.

Angeln gehoben, die Häuser erschüttert und die größten Steine und brennende Ballen in die Stadt geschleudert wurden. Die Zerstörung war so furchtbar, daß das ganze alte Schloßgebäude in wenig Augenblicken zu einem Schutthaufen verwandelt und viele Menschen getödtet oder verstümmelt wurden; selbst Kurfürst Ludwig V. wäre in seinem Schlosse auf dem Jettabühel dem Tode verfallen gewesen, wenn er nicht glücklicherweise eben aus seinem Gemache entfernt gewesen wäre, denn dieses wurde von den Trümmern, die von dem alten Schlosse herabflogen, ganz verschüttet.

Erst im Jahr 1621, nach dem Ausbruche des dreißigjährigen Krieges (1618), wurden die Ueberreste der alten Fürstenburg zu einer Schanze umgewandelt, welche durch eine zweite Schanze, das sog. Affennest, weiter oben am Römerwege verstärkt wurde.

Das nun zum Fort umgewandelte alte Schloß wurde 1632 von Tilly angegriffen, aber von der Besatzung muthig vertheidigt und die Angreifer zurückgedrängt und erst am 10. des Herbstmonats mit dem unteren Schlosse übergeben. — Noch nachher galten die Ueberreste des alten Schlosses, während des dreißigjährigen und orleanischen Krieges, bald dieser, bald jener Partei als Schanze, bis endlich im 19. Jahrhundert nur noch wenige Trümmer übrig blieben, die von Dornen und Strauchwerk überwachsen waren und jetzt wahrscheinlich ohne die Sorgfalt des Herrn Wagner gänzlich vom Erdboden verschwunden wären.

In diesem alten Schlosse ging die 1. und 2. Theilung der Länder von dem Schyrenstamme vor, indem schon Ludwig II. der Strenge mit seinem jüngeren Bruder Heinrich wegen der Regierung in Verdruß lebte, weßhalb die erste Theilung vorgenommen wurde, wodurch der jüngere Bruder die Hofburg Landshut mit dem fruchtreichen Herzogthum Nieder-Bayern, der ältere Bruder aber die Rheinischen Pfalzlande mit ihren Vorrechten und das Herzogthum Ober-Bayern erhielt. —

Wiewohl nun die Brüder das Land getheilt, so machten sie doch unter sich aus: „Daß gegen die Fremden Bayern ewiglich ein ungetheiltes Ganze bleiben und jeder von den Brüdern Herzog zu Bayern sein und die alten bayerischen, weiß und blau wechselnden Rauden (Wecken) im Banner, Schild und Siegel führen, Ludwig aber, als Kurfürst von der Pfalz, noch den goldenen, roth gekrönten Löwen, im schwarzen Felde führen soll." — Am Ostern 1255 fand diese Theilung statt, worauf Ludwig auf längere Zeit hinauf nach der Isar zog und in dem etzigen München sich eine neue Hofburg erbaute.

Die zweite Theilung ging unter Ludwig II. Söhnen, Rudolph dem Pfälzer und Ludwig dem Bayer vor, indem der ältere Sohn Rudolph die Kur=Pfalz und Ludwig das Herzogthum Ober=Bayern, unter den gleichen Bedingungen wie bei der ersten Theilung erhielt. Als Ludwig Kaiser wurde, kam sein älterer Bruder in die Reichsacht, indem derselbe zu Friedrich dem Schönen hielt, mußte fliehen, und starb auf fremder Erde. Erst seine Söhne erhielten vom versöhnten Oheim Verzeihung und ihr väterliches Erbe zurück. Doch gehen wir nach Besprechung dieser beiden ersten Theilungen der pfälzischen und bayerischen Länder wieder auf die weiteren Schicksale der wenigen Ueberreste unseres alten Schlosses auf dem kleinen Gaisberge zurück.

Noch in dem Anfange dieses Jahrhunderts lebte im Volke nur wenig Sinn für schöne Gegenden, weßhalb der größere Theil der Bewohner Heidelbergs, wenn dieselben auch ihre heimischen Berge bestiegen, doch kalt bei dem Anblicke der großartigen Naturschönheiten, die ihre Musenstadt umgeben, blieben. — Auch in fernen Ländern sprach man nicht von dem Reiz, welcher unsere hiesigen Umgebungen zu einem wahren Garten Gottes erheben, sondern höchstens von dem Riesenfasse, das in dem Keller des Schlosses auf dem Jettabühel ruhte. — Eine französische Emigrantin, Frau von Rougé, zog zuerst die Aufmerksamkeit des Publikums auf die reizende Stelle, in deren Kreis das alte Schloß gestanden, indem diese Dame bei günstigem Wetter täglich eine Höhe des kleinen Gaisbergs bestieg, welche man noch heute derselben zu Ehren Rougéruhe nennt und von hier die herrliche Gegend bewunderte. Ein anderer französischer Emigrant, Herr Graf Carl von Graimberg, kam 1810 nach Heidelberg, bestieg sowohl die Höhe des Gaisberges mit seinen Trümmern, sowie alle Theile der untern Schloßruine. — Gegend und Ruine gefielen dem kunstsinnigen Fremdling so wohl, daß er sich entschloß, auf diesem reizenden Stück Erde seine Lebenstage zu beschließen. Er ließ nun mannichfaltige Ansichten theils durch geschickte Künstler aufnehmen, theils nahm er sie selbst auf und ließ sie durch die berühmtesten Kupferstecher vervielfältigen. Diese gediegenen Kunstblätter sendete er nun in alle Länder und Städte Europa's, worauf erst die reiselustige Welt durch den bildlichen Anblick dieser Kunstblätter auf die Schönheit der deutschen Alhambra sowohl, wie auf die herrliche Umgebung Heidelbergs aufmerksam gemacht und dadurch veranlaßt wurde, sich durch den Augenschein selbst von der Schönheit der Gegend und der Pracht der Ruine zu überzeugen.

Vor wenigen Jahren starb Herr Carl v. Graimberg

im hohen Alter, nachdem er es noch erlebt, daß zum Theil durch seinen nimmer rastenden Eifer für großartige Natur- und Kunstschönheiten, zum andern Theil durch den Zeitgeschmack, Heidelberg alljährlich von zahlreichen Fremden aus allen Weltgegenden als ein wahres Eldorado und Luftbad besucht wurde. — Auch die Gartendirektoren Zeuer und Metzger*) haben durch die manchfaltige Bepflanzung des Schloßgartens**) viel zur Verschönerung der Gegend beigetragen, sowie der langjährige Castellan Richard Janellon durch Oeffnungen von Gewölben und Gängen und unermüdeter Thätigkeit Vieles zur Erhaltung und Zugänglichkeit des Schlosses auf dem Jettabühel beigetragen hat. Nun müssen wir noch in neuerer Zeit bemerken, daß Herr Wagner ein thätiger und vielseitig gebildeter Mann, schon vor mehr als 20 Jahren von der classischen Stelle, die einst das alte Schloß eingenommen, wegen ihren geschichtlichen Erlebnissen, wie von der großartigen Aussicht, welche man von derselben genießt, so entzückt war, daß derselbe, wie früher Frau von Rougé, jede freie Stunde dazu verwendete, den kleinen Gaisberg zu ersteigen. — Hier war es, wo dieser unternehmende Mann den Plan faßte, an dieser durch Naturschönheit und Geschichte geheiligten Stelle im Schweizergeschmacke ein Gesellschaftshaus zu errichten, wo jeder ermüdete Bergsteiger Ruhe, eine freundliche Bewirthung, gute Speisen und Getränke und in dem Unternehmer selbst einen in der Geschichte der Gegend unterrichteten Cicerone findet, welchen schönen Plan er auch ausführte, wobei ihm, was lobend anerkannt werden muß, der Gemeinderath Heidelbergs***) freundlich entgegen kam. — Das Gesellschaftshaus zur „Molkenkur" wurde nun errichtet, wobei aber Herr Wagner, was auch lobend erwähnt zu werden verdient, so viel Pietät für das ehrwürdige Alterthum zeigte, daß er die wenigen Ueberreste, die noch von der alten Burg vorhanden, sorgsam erhielt und alle Waffen, Schwerter, Pfeile und andere

*) Der Gemeinderath Heidelbergs hat in richtiger Anerkennung der Verdienste des verstorbenen Herrn Carl v. Graimberg, um Heidelberg demselben in dem Schloßhofe des untern Schlosses eine Gedenktafel errichtet, beßgleichen dem verstorbenen Garten-Direktor Metzger eine ähnliche in dem botanischen Garten, gegen die neuen Anlagen.

**) Auch sei hier des Universitäts-Gärtners Herrn Lang ehrend erwähnt, welcher seit einer Reihe von Jahren durch zahlreiche Anpflanzungen die Gegend des Schloßgartens zu verschönern suchte.

***) Die Ausführung des Plancs ist nebst dem Unternehmer besonders den Bestrebungen des Herrn Geheimerath Chelius, des Herrn Medizinalraths Metzgers, des Herrn Professor Posselt und des Herrn Dr. Nebels zu danken.

Geschosse, welche aus dem Schutte gegraben wurden, in einer Sammlung als Reliquien der alten Wiege des **Wittelsbacher Hauses** auf dem kleinen Gaisberg verwahrt.

Die Aussicht über das weite Rheinthal und das sagenreiche Hardtgebirge mit seinen geschichtlichen alten und neuen Burgen, — worunter wir nur der alten deutschen Reichsfeste **Tryfels**, wo einst die Reichskleinodien verwahrt und Richard Löwenherz gefangen gewesen sein soll, als eines der alten, und der von dem kunstbegeisterten König Ludwig erbauten **Ludwigshöhe**, als eines neuen Schlosses erwähnen — mit seinen zahlreichen Städten und Dörfern, welche sich von Mannheim über Frankenthal, Worms bis gegen Mainz hin dem Auge zeigen. — Den Rhein und Neckar, die das gesegnete Land in Schlangenlinien durchziehen — Alles dieses ist unbeschreiblich schön. — Nimmt man hierzu noch die am Fuße des Berges vom Neckar bespülte Musenstadt und den sich gegenüber erhebenden **Heiligenberg** mit seinen Ruinen von christlichen und heidnischen Bauten, nebst dem romantischen Neckarthale, so begegnen wir hier einem Ganzen, wie man es in Deutschlands Gauen nur höchst selten findet;*) es muß deßhalb anerkannt werden, daß der Scharfblick des Herrn Wagners sich in seiner Molkenkur ein Denkmal errichtet hat, welches noch in spätesten Zeiten seinen Namen achtungsvoll nennen wird, denn mit Recht ruft der Dichter auch hier, wie auf den Burgen der Hardt, aus:

„Da lieget ausgebreitet, in stets verjüngter Pracht,
Ein weiter Gottesgarten, vom Himmel reich bedacht,
Was nur das Herz ergötzt, was nur den Blick erfreut,
Das findest du hier Alles in Fülle ausgestreut.
Die lust'gen Rebenhügel, der Aehrenfelder Flur,
Sie zeugen von der Liebe der schaffenden Natur."

Unter mehreren Gedichten, welche theils Musensöhne, theils ältere Dichter über die Molkenkur schrieben, nennen wir folgende:

  Hoch oben auf dem Berge
  Steht ein steinern Haus,
  Im Walde singt die Lerche,
  Der Kukuk schreit heraus.

   Die Fenster schimmern helle
  Im Sonnenlichtes Schein,

---

*) Siehe Vorbericht.

Es glänzet fern die Welle
Vom Neckar und vom Rhein.

Zu unsern Füßen lieget
Die alte Musenstadt,
Gar zierlich sich geschmieget
Sie an den Hügel hat.

Beleuchtet von den Strahlen
Ragt stolz das Schloß empor,
Es glitzern hell die Hallen,
Das Epheu rankt hervor.

Wie prangen dort die Felder
In weiter Ebene fein!
Wie grünen hier die Wälder!
Wie blühet hier der Wein!

Es spannet sich darüber
Des Aethers blauer Raum,
Es leuchtet fern herüber
Der Hardt als goldner Saum.

Es ist so schön zu sitzen
Und schauen in die Fern,
Die Sorg' verkriecht in Ritzen,
Den Schmerz vergißt man gern.

Die Zierd' ist es und Blüthe
Von Pfälzer Landes Gauen,
Vom Suchen wirst du müde,
Bis schön're Du kannst schauen.

Es leuchtet hell die Sonne,
Ich heb' empor mein Glas,
Auf dieses Platzes Wonne,
Trink' ich mein edles Naß.

Fragst du mich nach dem Namen
Von diesem Paradies,
So tönt's im ganzen Rahmen:
„Die Molkenkur ist dies."

(Stud. Kortüm.)

Die Molkenkur.

Hinan! Hinan! Wo einer Villa gleich
Die Molkenkur nun blickt in's Thal hernieder,
Wo, ob dem Schlosse, in der Lüfte Reich
Aus Wolk' und Wald erklingen frohe Lieder!
Der Weg nach jenen Himmelsregionen,
O, glaube mir, er wird dich reich belohnen!

Ha! Welche Aussicht in das weite Thal!
Hier siehst du Worms, dort Mannheim dich begrüßen!
Der ferne Rhein verklärt vom Sonnenstrahl,
Das schöne Heidelberg zu deinen Füßen!
Rings wald'ge Berge, Felsen — hoch erhoben,
Dem Himmel nah', der Kaiserstuhl dort oben!

Ein römisches Castell man einst hier sah,
Das später war zu einem prächt'gen Schlosse;
Der Hohenstaufe Conrad weilte da
Mit Hofgelag und muntrer Knappen Trosse;
Manch' glänzendes Banket ward hier begangen,
Zu dessen Feier die Trompeten klangen.

Ein Otto, Ludwig, liebten diesen Sitz,
Der war „das Schloß von Heidelberg" geheißen,
Drauf stand es leer, doch stand's noch bis der Blitz
In's Pulver schlug, in Trümmer es zu reißen;
Als Festung dient es später oft im Kriege,
Und mehrmals half's als solches zu dem Siege.

Die Zeit ließ übrig nur noch alt Gemäuer
Von Strauchwerk und von Baumwuchs reich umgeben;
Da fand zum alten Liebchen sich ein Freier,
Der schöpf'risch einhauchte ihm neues Leben;
So ward im Lauf den wandelbaren Horen
Das Töchterlein, die Molkenkur, geboren.

Sie blickt gar frisch und hold und lieb uns an,
Und winkt dem Wanderer wie aus den Wolken,
Zulispelnd ihm: „O, komm' zu mir heran!
Der Hebe gleich credenz ich dir den Molken!
Suchst du in ihm den Nektar auch vergebens,
So ist er doch gleich ihm ein Trank des Lebens!"

„Kommt Alle, die ihr freier athmen wollt!
Und wünscht ihr Nektar, der auch ist zu haben!
Er wächst so weit der Rhein und Neckar rollt;
Kurz, ich gewähr' euch alle Göttergaben.
Und welche Last euch hier auch drückt auf Erden,
Kommt nur, hier oben wird euch leichter werden!"

(Ortlepp.)

Legende.

Eine Phantasie auf der Molkenkur.

Einst zur Zeit als Heidelberga
In sich spürt ein neues Leben
Und zum Viceparadiese
Ernstlich wollte sich erheben:

Da erging sich spät am Abend
Don Alberto noch alleine
Hoch am Berge zwischen Büschen,
Wo man ausschaut nach dem Rheine.

Gar nicht achtend seines Weges,
Tief versunken in Gedanken,
Hemmten innen große Pläne,
Außen wirre Brombeerranken.

Ehre wollt' er, hohe Stellung
Sich und seiner Stadt erringen,
Huldigung aus allen Ländern
Sollte ihm und ihr man bringen.

Freunde sollten bei ihm schmausen,
Fremde Waller, schöne Frauen
Aus geschmückten lichten Räumen
Rings ein Paradies erschauen.

Sinnend stand er, rings umsponnen
Von Gestrüpp und wilden Ranken:
Plötzlich sah er am Gemäuer
Eine kleine Flamme schwanken.

Eine Pforte sah er klaffen,
D'raus erging ein leises Stöhnen:
Löse mich, o Don Alberto,
Deine Wünsche will ich krönen!

Was Du dachtest, soll Dir werden,
Hoher Stand und Reichthumsquelle,
Ruhm für Dich und Heidelberga:
Grabe! Grabe tief zur Stelle!

Ruhm geboren, Pracht gewöhnet,
Quält mich hier der Spott der Steine,
Löse mich, und meine Würde
Aus der Vorzeit sei die Deine!

Sprach's und leis erlosch die Flamme;
Um Alberto war es dunkel,
Aber helle brannt im Geiste
Ihm der Zukunft Lichtgefunkel.

Lösen will ich, rief er, Geist Dich!
Eilt hinab voll froher Sorgen
Und die ganze Halde kauft' er
Sammt Gemäuer früh am Morgen.

Und er grub und Steine kamen,
Nichts als Steine aus der Tiefe;
Doch ihm war's als ob der Geist ihm
Täglich ein Glückauf zuriefe.

Aus der Tiefe in die Höhe
Ordnet zierlich er die Steine,
Von der Höhe in die Tiefe
Schaut sein Haus jetzt schmuck zum Rheine.

Freunde sieht er bei sich speisen,
Fremde Waller viel in Schaaren,
Frohe Jugend, schöne Frauen,
Fürsten kommen angefahren.

Breite Wege zieh'n zur Höhe,
Lustgebüsche zu den Seiten,
Und der alte Ruhm der Höhe
Will sich wieder neu verbreiten.

Hoch jetzt ober Heidelberga
Als der Allerhöchste thronet
Don Alberto, den, erlöset,
Nun der Geist mit Ruhm belohnet.